Just Style!

Mode Guide für Frauen

DANKSAGUNG

Besonderen Dank richte ich an meinen herzallerliebsten Herzeroberer für seine Unterstützung. Außerdem möchte ich all den lieben Menschen danken, die an der Endversion des Buchs mitgearbeitet haben.

Just Style.

In dieser Reihe:

Gestaltung, Satz, Koordination: Urte Mißfeld
Grafisches Konzept: Erill Fritz, Berlin
Lektorat: Anke Hennek
Projektleitung für h.f.ullmann: Isabel Weiler

Coverfoto: Shutterstock.com/coka

Gesamtherstellung: h.f.ullmann publishing GmbH, Potsdam
Printed in Italy, 2014

ISBN 978-3-8480-0633-5

10 9 8 7 6 5 4 3 2 1
X IX VIII VII VI V IV III II I

www.ullmann-publishing.com
newsletter@ullmann-publishing.com
facebook.com/hfullmann
twitter.com/hfullmann

Dagmar Vorwerk

Just Style!

Mode Guide für Frauen

h.f.ullmann

Vorwort

Menschen mit unterschiedlichsten Anliegen wenden sich an mich: Menschen, die einen neuen Lebensabschnitt mit einem neuen Look einleiten möchten. Menschen, deren Ambitionen formvollendeten Umgangsformen gelten. Menschen, die karriereorientiert ihre Körpersprache mit der inneren Haltung in Einklang bringen möchten. Ich arbeite am Menschen und mit Menschen. »Mode vergeht, Stil bleibt«, das erkannte bereits die legendäre Modeschöpferin und Stilikone Coco Chanel. Als Inhaberin der Grandezza Stilmanufaktur wurde dieses Credo zu einem meiner Leitsätze. Im Gespräch – sowohl mit Privat- als auch mit Geschäftskunden – erfahre ich regelmäßig, welche Fragen die Menschen umtreiben, und stelle fest, dass insbesondere Frauen ein weiterführendes Interesse an Stil haben. Mit meinem Style-Guide entspreche ich dem Wunsch nach einem fundierten, praxisorientierten Leitfaden, der für die vielfältigsten Situationen Stilsicherheit vermittelt.

Der erste Eindruck wird maßgeblich von unserem Dresscode, den Umgangsformen und der Körpersprache geprägt. Die Wirkung unserer Botschaften basiert laut dem Psychologen Albert Mehrabian zu 55 Prozent auf unserer nonverbalen Kommunikation. Dass wir als Menschen im Gesamtpaket wirken und somit sehr viel Handlungsspielraum haben, sollte eigentlich als Bereicherung empfunden werden – dennoch fühlen sich viele überfordert. Den gängigen Stilregeln widme ich mich daher gelegentlich auch augenzwinkernd, um das herrschende Mode-Diktat, die Anstandsregeln und den Verhaltenskodex bewusst infrage zu stellen:

- Wie tritt eine moderne Frau typgerecht in ihrem individuellen Wohlfühllook auf?
- Wie lassen sich Kleidungsstile klug instrumentalisieren?
- Muss eine Karrierefrau mit ihren Reizen geizen, um Kompetenz auszustrahlen?
- Wie bewahrt sich eine Frau ihre Natürlichkeit und bleibt sich selbst treu, trotz auferlegten Dresscodes und Etiketteregeln?
- Lässt sich Körpersprache als Tool zur Stärkung einer Botschaft einsetzen?

Die Antworten sind häufig unkonventionelle, aber stets realistische Lösungsansätze! Denn Stil ist individuell, wandelbar und streitbar – und genau deswegen so begehrt.

Herzlichst
Dagmar Vorwerk

Eine Frage des Stils

Jederzeit gut wirken – ein hoher Anspruch.

Ohne es zu wollen, bewerten wir Menschen. Es ist ein Urinstinkt, den wir nicht unterdrücken können und – zum Beispiel im Straßencafé – auch gar nicht unterdrücken möchten. Allerdings: Selbst bewertet zu werden finden wir nur selten gut. Die Gründe sind vielfältig: Komplexe, die schlechte Tagesform, die falsche Tasche zu den richtigen Schuhen … Die Tatsache, dass die meisten von uns an einem Tag unterschiedlichste Situationen bewältigen müssen und weder over- noch underdressed auftreten möchten, birgt Stresspotenzial. Dabei wollen wir unangestrengt wirken. Authentizität, das mittlerweile überstrapazierte Modewort, wird angestrebt, doch Inszenierung ist häufig das Resultat. Selbstverständlich sind die Erwartungshaltungen hoch – nicht zuletzt durch uns selbst. Wir sehen, wie gut andere performen; wie sie scheinbar spielerisch Stile umsetzen, Leichtigkeit im Auftreten vermitteln und durch ein Selbstverständnis in ihren Umgangsformen beneidenswert souverän erscheinen. Nebenbei wirken Tausende von Eindrücken täglich auf uns ein. Auf die Bremse zu treten, sich auf das Wesentliche zu besinnen wird immer schwerer. Beinahe möchten wir wie der Vogel Strauß den Kopf in den Sand stecken. Denn als Frauen neigen wir dazu, uns auf unsere Makel zu konzentrieren. Dass jedoch auch Überfrauen wie Angelina Jolie ihren Zauber nicht ohne eine Entourage an Helfershelfern (Visagisten, Stylisten, PR-Spezialisten) entfalten, liegt auf der Hand.

Wirkung hängt von vielen Faktoren ab. Schnell verfällt man dem Irrglauben, man müsste rundum perfekt sein – doch gerade das kann statisch, stereotyp und langweilig wirken. Manchmal reicht es schon, eine Facette besonders zu betonen. Mit etwas Raffinesse lässt sich sogar der Makel in ein Markenzeichen umwandeln. Beispielhaft sind da ganz sicherlich die weiblichen Kurven der Sängerin Adele und der beinahe legendäre Leberfleck von Cindy Crawford. Mut wird belohnt – und zwar in vielen Bereichen. Was vor zehn Jahren noch als modische Entgleisung mit einer hochgezogenen Augenbraue honoriert wurde – ein frecher Stilbruch, eine clevere Improvisation –, erkennen wir heute gern als kokett an. Trotzdem: Verunsicherung besteht nach wie vor, denn was bei Stars den Wow-Faktor auslöst, muss für Lieschen Müller noch lang nicht typgerecht sein.

Ob privat oder beruflich – mehr denn je unterliegen wir dem Drang und der Notwendigkeit, etwas darzustellen. Wie sehr die optischen Faktoren dabei ins Gewicht fallen, ist vielen nicht bewusst. Der Style-Guide soll Lust auf einen zwanglosen Umgang mit den Stilelementen machen.

Wird beispielsweise eine sehr zart wirkende Frau mit einer hohen Stimme häufig von ihren Kollegen unterschätzt, kann sie mit Powerfarben, dem Business-Dresscode und dem geschickten Einsatz von Dominanzgesten raffiniert gegenlenken.

Angelina Jolie – Stil in Vollendung.

Wird eine kräftigere Frau eher als träge oder behäbig verurteilt, kann sie durch dynamische Farbakzente, Accessoires, die der Figur schmeicheln, und gern auch durch keckere Umgangsformen eine sympathische Nonchalance erlangen.

Sich solche Wirkfaktoren zunutze zu machen – durch Farben den Typ zu harmonisieren, Mode zu instrumentalisieren, die Körpersprache kongruent als Verstärker einer Botschaft einzusetzen – ist kein Gebot, stärkt jedoch die Persönlichkeit!

Lust auf Komplimente?

Versprechen, dass sich morgen Ihr Leben ändert, werde ich nicht. Ich möchte vermitteln, dass man sich seinem Schicksal nicht ergeben muss, sondern den Wandel vom grauen Mäuschen zur Femme fatale genussvoll zelebrieren kann. Mit meinem Style-Guide möchte ich über alles, was einen guten Stil ausmacht, informieren und darüber hinaus dazu verleiten, sich ungeniert an der gewonnenen Erkenntnis zu bedienen. Dieses Buch zeigt Ihnen umsetzbare Möglichkeiten für eine nachhaltig wirkende Ausstrahlungskraft auf. Durch meine Tätigkeit am Menschen weiß ich, wie man Leidenschaft für eigenständige Stilinterpretationen entfacht! Versprochen.

BERUFLICH WIE PRIVAT GILT NICHT SELTEN: ES GIBT KEINE ZWEITE CHANCE FÜR DEN ERSTEN EINDRUCK.

Der erste Eindruck

Wirkung lässt sich nicht abschalten. Egal, wie dezent wir uns kleiden, wie ruhig wir uns verhalten, wie passiv wir auch sind: Wir wirken immer. Dass unser Gegenüber unsere Zurückhaltung jedoch als vornehmes Understatement interpretiert, darf bezweifelt werden. Unsicherheiten im Auftreten als Ursache für diese Passivität kennt wahrscheinlich jede von uns. Solange sie uns nicht blockieren, dürfen wir sie, positiv betrachtet, als ein Zeichen der selbstkritischen Auseinandersetzung werten. Schwierig wird es allerdings, wenn die eigene Einschätzung zu unserer Person stark von der unseres Gesprächspartners abweicht. Natürlich haben wir die Möglichkeit zum Selbstcheck, können Freunde, Arbeitskollegen oder Familie zu unserer Wirkung befragen – und sollten es auch. Aber können wir diesen Urteilen tatsächlich bedingungslos trauen? Fürsorgliche Rücksichtnahme, Makelblindheit, gelegentlich auch Missgunst können zu einer verzerrten Bewertung unserer Persönlichkeitsmerkmale führen – und mitunter gerade erst das Fundament für neue Selbstzweifel bilden. Von denen haben wir meist eh schon zur Genüge. Als Frauen neigen wir nämlich dazu, uns ständig zu vergleichen. Doch mit wem vergleichen wir uns? Natürlich nur mit den dünnsten, den schönsten und den klügsten Frauen. Dass uns diese Angewohnheit nicht guttut, liegt auf der Hand. Sie abzuschalten – das gelingt uns dennoch nicht.

Zwischen dem Selbst- und Fremdbild liegen nicht selten Welten. Besonders Frauen dürften mit ihrem Urteil über sich gnädiger sein.

Die Wirkung

Wie wir wirken, hängt von vielen Faktoren ab – und beruht nicht nur auf den markanten äußeren Merkmalen. Die Einstellung zu uns selbst, die Einstellung zu unserem Gegenüber, die Einstellung zur Situation – all das spiegelt sich in unserem Auftreten wider. Jeder Gedanke überträgt sich auf unseren Körper. Die Wechselwirkung zwischen innerer Haltung und äußerem Verhalten lässt sich nicht ausschalten und offenbart sich selbst in Pokerfaces. »Unser Körper ist unser größter Schwätzer«, so äußerte sich Samy Molcho, der bekannte Pantomime- und Körperspracheexperte, zu diesem Effekt der Ideoplasie sehr treffend. Denn die nonverbale Kommunikation wirkt schneller als das gesprochene Wort, und schon Mikrogesten können verräterisch sein … Wie wir wahrnehmen und welche Merkmale uns auf das Wesen eines Menschen schließen lassen, untersuchte der US-amerikanische Psychologe Albert Mehrabian 1971 in einer umfangreichen psychologischen Studie. Er stellte dabei Erstaunliches fest.

Sein Resümee: Verbale Äußerungen gehen unter, wenn sie im Widerspruch zu Mimik und Stimme stehen und nicht mit der Gesamterscheinung übereinstimmen.

Auch andere Forscher kamen in ihren Untersuchungen zu ähnlichen Ergebnissen. Eindeutig wirken wir durch unsere optischen Merkmale am stärksten.

Das Tröstliche an der Sache: Bei einer schlechten inhaltlichen Vorbereitung können wir diese Gegebenheit zu unserem Vorteil gestalten. Also ein Ablenkungsmanöver? Ja. Doch ganz gewiss ist es nicht verwerflich, sein Erscheinungsbild als eine »sichere Bank« zu schätzen und zu nutzen.

Die Wirkung des ersten Eindrucks wird folgendermaßen beeinflusst:

7 % durch Worte und Inhalt

38 % durch Sprache (Stimmlage, Klang, Modulation, Lautstärke, Dialekt, Wortwahl)

55 % durch unsere Körpersprache (Körperbau, Bewegungsabläufe, Haltung, Gang, Gestik, Mimik, Distanzverhalten) und die Kleidung (Qualität, Stilrichtung, Passform, Farbe)

entschlüsseln

Sind lebenslustig und keck passende Attribute für sie?

Schätzen wir sie tiefgründig und introvertiert ein?

Insbesondere, wenn das Leben uns gelegentlich mit Herausforderungen überrascht, die wir auch im Interesse anderer bestmöglich meistern wollen. Wie beispielsweise bei unserem Arbeitgeber. Denn Firmenchefs setzen bei ihren Angestellten, gerade unter suboptimalen Bedingungen, ein angemessenes Auftreten voraus und machen diese Flexibilität zum Einstellungskriterium. Sich durch ein positives Erscheinungsbild Vorteile im Leben zu verschaffen und mehr Türen zu öffnen kann zudem eine Hebelwirkung auslösen, die jedes Motivationstraining übertrifft. Schon die Gewissheit, den perfekten Look zu haben, stärkt unser Auftreten immens. Kommt dann noch das positive Feedback anderer hinzu, können wir uns so beflügelt fühlen, dass wir ohne jede Anstrengung, in einer zunächst schwierigen Situation, über uns hinauswachsen und – zu unserer eigenen Überraschung – unsere Performance genießen.

Selbstverständlich funktioniert diese Eigendynamik auch entgegengesetzt. Umso schöner, dass Sie jetzt erfahren, wie leicht es ist, den positiven Push-up-Effekt auszulösen!

Wahrnehmungs-effekte

Positiv wirken – aber wie?

Innerhalb von 150 Millisekunden fällt unser Unterbewusstsein ein Urteil: Freund oder Feind. Ein Urinstinkt in uns, den wir nicht unterdrücken können und – trotz Reizüberflutung – sicherlich nicht einbüßen möchten. Begegnen wir im Dunkeln einer vermummten Gestalt, schickt das limbische System im Gehirn uns Warnsignale und sorgt wahrscheinlich für Unbehagen.

Kommt uns als flirtbereite, aufgeschlossene Frau des 21. Jahrhunderts jedoch ein George-Clooney-Lookalike entgegen, wird innerhalb dieser 150 Millisekunden möglicherweise schon unser Fortpflanzungstrieb aktiviert …

Ohne es zu banalisieren, lässt sich festhalten, dass ein wenig Steinzeit-Urteilsvermögen sehr wertvoll sein kann, obwohl es uns zweifelsohne voreingenommen macht.

Sicherlich möchte niemand bewusst oberflächlich bewerten – aber sosehr wir uns auch dagegen wehren, es liegt auf der Hand, dass dieser effiziente Personencheck Stress vermeiden kann. Wir arrangieren uns schließlich auch sehr gut damit, weil es zeitsparend ist. Der anhaltende Boom von Speeddating-Veranstaltungen ist nur ein Beleg dafür.

Dennoch unterliegen wir in unseren Urteilen auch Täuschungen:

Ist sie tatsächlich prätentiös?

DER HALO-EFFEKT Man nennt ihn auch den Überstrahlungseffekt. Markante Eigenschaften eines Menschen (z. B. Attraktivität, Behinderung, sozialer Status) bilden einen positiven oder negativen Eindruck, der so stark wirkt, dass er die weitere Wahrnehmung der Person »überstrahlt« und so den Gesamteindruck verzerrt.

Erinnern wir uns einmal an den Ex-Verteidigungsminister Karl-Theodor zu Guttenberg und seine charmante Frau Stephanie – bevor er wegen der Plagiatsaffäre um seine Dissertation von seinem Amt zurücktreten musste. Rückblickend ist es schon erstaunlich, wie früh der Minister mit den vielen Auszeichnungen (Politik-Award 2009 als »Politiker des Jahres«, »Sprachwahrer des Jahres 2009«) als Merkel-Nachfolger gehandelt wurde. Ob Kompetenz dem »smarten« Minister seine Popularität verliehen hat oder der Mix aus Adel und Glamour alles andere überstrahlt hat – man entscheide selbst.

In Style-Rankings immer weit vorn angesiedelt: Schauspielerin Diane Kruger funktioniert als Werbebotschafterin einer Luxusuhrenmarke.

In der Werbung nutzt man die Positivwirkung prominenter Personen als Testimonials, um unausgesprochene Botschaften zu transportieren. Besonders Sportler genießen hohe Glaubwürdigkeits- und Sympathiewerte.

Aber Vorsicht: Der Halo-Effekt kann zu perfektem Blendwerk auswachsen. Ein Beispiel: Lance Armstrong. Er hatte nicht nur seine Mitstreiter, sondern darüber hinaus auch den Krebs besiegt. Dem »Weltsportler des Jahres 2003« gestand man weitaus mehr als nur sportliches Talent zu. Durch sein Buch »Tour des Lebens« wurde er zum Bestsellerautor. Später kam dann das Bekenntnis zum Dopingmissbrauch.

Es muss jedoch nicht immer in Personenkult und Glorifizierung ausarten, der Halo-Effekt beeinflusst uns ebenso in Alltagssituationen, und das auch negativ: zum Beispiel wenn ein kräftiges Kind von seinen Lehrern verstärkt über seinen Körperumfang wahrgenommen wird. Schnell wird unterstellt, es sei maßlos, faul oder willensschwach.

DIE STEREOTYPISIERUNG Die gerade beschriebene Beurteilungstendenz führt direkt zu einem verwandten Wahrnehmungseffekt, der Stereotypisierung: Stereotype kategorisiert man nach eingängigen (äußeren) Merkmalen, die dadurch automatisch mit einer Erwartungshaltung oder Bewertung verknüpft werden.

Beispiele:

Brillenträger stellen fest, dass sie mit dem Tragen einer Brille häufig seriöser und intelligenter eingeschätzt werden. Insbesondere mit klassischen Gestellen lässt sich diese Erfahrung machen.

Auch für Berufsgruppen haben wir meist übereinstimmende Bilder: Ärzten gesteht man mehr Kompetenz zu, wenn sie einen weißen Kittel tragen – in einer Aufmachung mit Tattoos, Piercings und Lederkluft gäbe es vielleicht ein paar Probleme. Banker stellt man sich meist in Anzugkombinationen vor, während man im Umkehrschluss die Religionslehrerin wahrscheinlich nicht im roten Ledermini sieht …

Ähnliche Mechanismen finden beim Klischeedenken oder sozialen Projektionen statt. Sprechen wir beispielsweise von einer Blondine mit sehr weiblichen Attributen und einer Heliumstimme, so ist diese Dame in unserer Vorstellung selten mit einer Harvard-Professur oder Ähnlichem ausgestattet.

Da auch in den Medien gern mit Klischees gearbeitet wird, speichern wir Vorurteilsbestätigungen relativ unreflektiert in unserem Gedächtnis ab. Dass wir sie zudem stärker gewichten und als Erfahrungswert eher hervorholen als den Widerspruch, zementiert bestimmte Vorurteile.

DAS ASSOZIATIONSPRINZIP Bei dieser Wahrnehmungstendenz zieht man einen Rückschluss aufgrund eines Zusammenhangs. So werden Menschen, Dinge oder Ereignisse, die zusammen wahrgenommen werden, unbewusst in einen Bezug gesetzt oder miteinander verknüpft. Es spielt hierbei keine Rolle, ob ein logischer Kontext besteht.

Einige spekulieren darauf, dass der Glamour abfärbt.

Freunde sehr vermögender, gut angesehener Menschen profitieren von deren sozialem Status und werden ähnlich eingestuft.

Anders bei einer Gruppe Jugendlicher, die sich rüpelhaft benimmt. Hier hat die Mutter eines wohlerzogenen Jungen Grund zur Sorge, dass ihr Kind – trotz Zurückhaltung – ähnlich aggressiv wie die anderen Gruppenmitglieder wahrgenommen wird.

Aber auch Umstände wirken: Einen Unternehmer, der seine Tätigkeit schlicht gekleidet in sehr dunklen und spartanisch eingerichteten Räumlichkeiten ausübt, stellt man sich nicht unbedingt geschäftlich erfolgreich oder privat dekadent lebend vor.

DIE VERNACHLÄSSIGTE CHANCE: DER REZENZEFFEKT Die letzten Eindrücke haben mehr Einfluss auf die Erinnerungsleistung einer Person als die früher eingegangenen, eventuell überschriebenen Wahrnehmungen. Später erlangte Informationen bleiben besser haften und zählen somit bei der unmittelbaren Beurteilung stärker. Dies nennt man den Rezenzeffekt. Die modebewusste Frau des 21. Jahrhunderts kann davon für sich ableiten: Es ist nie zu spät, einen bleibenden – stilvollen – Eindruck zu hinterlassen.

Für Frauen, die wie die US-amerikanische Filmschauspielerin und Drehbuchautorin Mae West gern feststellen: »Ich bin das Mädchen, das seinen guten Ruf verloren und nie vermisst hat.«

Auch subtile Botschaften wirken nachhaltig.

Wenn schlussendlich die Verpackung mehr zählt als der Inhalt, möchte man aufbegehren. Zu Recht. Da jedoch auch die Interaktion mit anderen Menschen durch Wahrnehmungseffekte beeinflusst wird, gibt es viele Gründe, (gegen-)zulenken. Durch unseren visuellen Code können wir Eindrücke bewusst steuern und außerdem als Individuum aus der Menge herausragen. Wie, das erfahren Sie in den Folgekapiteln.

GERN UNTERSCHÄTZT MAN, WIE KRAFTVOLL FARBEN WIRKEN – SIE KÖNNEN FÜR ODER GEGEN UNS ARBEITEN.

Die Macht der Farben

Naomi Campbell hoffte darauf: Im Prozess um die Blutdiamanten wählte sie für ihr Outfit die Farbe Weiß. Die »Nichtfarbe« Weiß steht für Unschuld. Dass Richter oder eine Jury sich davon beeindrucken lassen, darf dennoch bezweifelt werden – und das ist sicherlich beruhigend.

Doch Farben haben eine Anmutung, die sich überträgt. Sie beeinflusst nicht nur unsere eigene Stimmung, sondern wirkt auch auf unser Gegenüber. In unterschiedlichen Ausprägungen, mit unterschiedlichem Bewusstsein. Die Assoziationen zu Farben werden durch den Kulturkreis, unsere Erziehung und persönliche Erfahrungen geprägt.

Mit Farben verbinden wir vor allem Emotionen. Rot ist die Liebe, Schwarz hat etwas Unheilvolles. Wir können uns von diesen Empfindungen kaum frei machen. In der Werbung nutzt man die Positiv-Assoziationen bestimmter Farbausrichtungen ganz gezielt, um die Imagebildung von Unternehmen zu unterstützen oder um Werbebotschaften zu untermauern. Daher findet man Versicherungen in ihrer Außendarstellung häufig in seriös wirkenden Blau-Grau-Ausrichtungen – sofern sie preisaggressiver kommunizieren, auch gern in Rot.

Komplementärfarben, mit denen ein Komplementärkontrast gebildet wird, bewirken optische Täuschungen. Im Supermarkt finden wir für den Frischeeffekt Fleisch vor grünem oder Salat vor rötlichem Hintergrund, zudem gibt es blaue Zusätze in Waschmitteln. Doch selbst wenn die Wirkungen bestimmter Farbausrichtungen allgemein anerkannt sind, gibt es Töne, die stark polarisieren – und Generationen spalten: zum Beispiel die Farbe Rosa in all ihren Schattierungen bis hin zu Pink. Barbie, Hello Kitty, Prinzessin Lillifee – hätte man diesen Figuren einen braunen oder grauen Anstrich verpasst, wage ich zu bezweifeln, dass der Erfolg derart groß gewesen wäre. Die Farbe Rosa hat Mädchenzimmer erobert und löst bei bestimmten Müttern die schlimmsten Befürchtungen in Sachen Abkehr vom Feminismus aus. Wie berechtigt das ist, müssen wir noch abwarten. Psychologen raten zur Gelassenheit, da zunehmend zu beobachten ist, dass die Farben Pink und Rosa spätestens mit Beginn der Pubertät als uncool gelten. Sofern Sie als Eltern betroffen sind, schmunzeln Sie vielleicht einfach darüber!

»The Lady in Red« – häufig wird frau erst durch die beiläufigen Kommentare anderer bewusst, dass bestimmte Farben ihr mehr Ausstrahlung verleihen.

Farbassoziationen

	Dynamik, Vitalität, Aktivität, Gefahr, Aggression, Sexualität, Liebe, Lust, Leidenschaft	= *wirkt aktivierend, aufregend, alarmierend, stimulierend und wärmend* = *macht unruhig und aggressiv*
	Lebensbejahung, Extrovertiertheit, Freude, Lebhaftigkeit, Fantasie, Tatkraft, Beständigkeit	= *weckt die Arbeitsfreude, wirkt leistungssteigernd* = *fördert die Geselligkeit, macht optimistisch, ausgeglichen und genussfreudig*
	Offenheit, Kraft, Glück, Reife, Wärme, Optimismus, Kommunikation	= *wirkt aufheiternd* = *stimmt freundlich, positiv* = *geistig anregend*
	Natürlichkeit, Wachstum, Beharrlichkeit, Hoffnung, Entspannung, Zufriedenheit, Gelassenheit	= *wirkt regenerierend, konzentrationssteigernd und beruhigend* = *fördert das seelische Wohlbefinden*
	Beständigkeit, Vernunft, Harmonie, Ruhe, Verlässlichkeit, Unendlichkeit, Zuversicht, Freundlichkeit	= *schafft Klarheit und Präzision im Denken* = *wirkt entspannend, harmonisierend* = *fördert die ruhige Kraft und Kommunikation*
	Mystik, Kreativität, innere Kraft, Inspiration	= *wirkt kompensatorisch und meditativ* = *weckt innere Kräfte*
	Romantik, Verspieltheit, Liebe	= *wirkt frisch und optimistisch* = *zart und mädchenhaft*
	Introvertiertheit, Bequemlichkeit, Konformität, Schwere, Ungeselligkeit, Natürlichkeit	= *wirkt beruhigend, statisch, bodenständig* = *vermittelt Seriosität*
	Weite, Reinheit, Ordnung, Vollkommenheit, Leichtigkeit, Einigkeit, Sicherheit, Wohlbefinden, mitunter illusionär, Symbol für Tod	= *wirkt rein, frisch, unschuldig* = *fördert ein klares Denken*
	Trauer, Negation, Passivität, Schwere, Protest, Undurchdringlichkeit, Einengung, Einsamkeit, Funktionalität, Anspruch, Hoffnungslosigkeit, Pessimismus	= *wirkt würdevoll, edel, drückend und dominant*
	Neutralität, Melancholie, Nüchternheit, Armut, Nachdenklichkeit, Ernst, Schlichtheit, Desinteresse	= *wirkt eintönig und angepasst* = *macht antriebslos, aber fokussiert*

Farbwirkungen

DUNKLE FARBEN Begünstigen Distanz. Wirken seriös – aber auch streng, können älter machen. Signalisieren Macht, Führungsanspruch – fördern ein künstlerisches Image.

HELLE FARBEN Begünstigen Nähe und Kontakt. Wirken kommunikativ und frisch, können verjüngen. Signalisieren eher Zugehörigkeit zum Team.

INTENSIVE FARBEN Drücken starke Energie aus. Wirken emotional, leidenschaftlich – mitunter sehr dramatisch. Ziehen die Aufmerksamkeit auf sich.

PASTELLFARBEN Drücken Neutralität aus. Wirken weich, freundlich und wenig autoritär (Vorsicht: wirkt naiv). Können Zurückhaltung ausdrücken.

KONTRASTREICHE KOMBINATIONEN Wirken lebhaft, dynamisch, präsent. Knallbunt unterstellt man Unkoordiniertheit und Risikofreude.

TON-IN-TON-KOMBINATIONEN Wirken eher zurückhaltend und verbindlich.

Es ist vorteilhaft, wenn Farben am Körper nach oben hin heller werden. Blau steht für Kompetenz und Zuverlässigkeit. Eine graue Kombination ist günstig, wenn Sie vermittelnd auftreten. Wollen Sie motivierend wirken, setzen Sie auf intensive Farben. Erdige Töne hingegen wirken unbeweglich. Je größer Ihr Publikum, desto kontrastreicher sollte Ihr Outfit sein. Zum Beispiel hebt sich ein farbintensives Seidenkarree sehr gut von einem anthrazitfarbenen Anzug ab.

Intensive Farbkontraste erzeugen Spannung.

Die Farbtypenlehre

Mit gelungenem Make-up lässt sich der Farbtyp optimal unterstreichen.

»Warst du im Urlaub? Du siehst so entspannt aus.« Vielleicht haben Sie selbst schon die Erfahrung gemacht: Sie tragen ein bestimmtes Oberteil – zum Beispiel die neue Bluse in Korallenrot oder das luftige Kleid in Aquamarin –, und die Komplimente sind Ihnen sicher.

Mit der Aussage, dass Farben zehn Jahre wegmogeln, sollte man dennoch umgehen wie mit der Behauptung, eine Anti-Aging-Creme für 300 Euro schenke einem innerhalb von vier Wochen glatte Haut: Man kann sie getrost vergessen. Doch ganz ohne einen Funken Wahrheit werden kühne Behauptungen natürlich nie aufgestellt (zumindest nicht von Institutionen, die langfristig agieren).

Und was die Farben betrifft, so ist ein stark harmonisierender Effekt für den Teint, die Gesichtszüge und eventuelle Makel unzweifelhaft. Denn ob diese nun wie durch ein Vergrößerungsglas sichtbar oder wie mit einem Weichzeichner kaschiert erscheinen, wir blass wirken oder Frische ausstrahlen, lässt sich mit der entsprechenden Farbwahl definitiv beeinflussen.

Diese Erkenntnis gewann man schon sehr früh. Bereits im Mittelalter setzte man sich intensiv mit der Wahrnehmung von Farben auseinander. In der Neuzeit verfasste Johann Wolfgang von Goethe (1749–1832) ein umfangreiches Werk zur Farbenlehre und entwickelte eine Betrachtung, die sich von dem herkömmlichen naturwissenschaftlichen Ansatz stark unterschied. Der Schweizer Maler, Grafiker und Kunstpädagoge Johannes Itten (1888–1967) untersuchte in seiner Arbeit zur Entwicklung des zwölfteiligen Farbkreises ebenso die Auswirkungen von Farben auf die Gesichtszüge der Menschen und stellte einen ersten plausiblen Bezug zu den Jahreszeiten her. Mithilfe seiner Auswertungen entwickelte man an Kunstakademien in den USA schließlich die Farbtypenlehre, die der individuellen Farb- und Stilberatung heute als Grundlage dient.

Und so funktioniert es: In der klassischen Farbtypanalyse ermittelt man zunächst die natürliche Grundstimmung im Gesicht. Augen, Haare und insbesondere der Hautunterton des Menschen sind hier maßgebend. Der entweder warmtonige oder kalttonige Unterton der Haut ist von Geburt an festgelegt – und damit außerhalb dessen, was sich beeinflussen lässt: Je dominanter der Gelb- oder Goldanteil im Teint ist, desto warmtoniger ist man einzustufen. Je dominanter der Blauanteil im Teint ist, desto kalttoniger ist man einzustufen.

Typharmonisierend wirken jeweils gesichtsnahe Farben in der entsprechenden Kalt- oder Warmtendenz. Mit der weiteren Bestimmung des Lichtwerts und der Intensität des natürlichen Hautfarbtons ermittelt man, in Anlehnung an die Farbnuancen der Jahreszeiten, schließlich seinen Grundtyp – warmtonig: Frühling/Herbst, kalttonig: Sommer/Winter.

Findet man sich nicht im klassischen Farbspektrum der vier Jahreszeiten wieder, so entspricht man einem Mischtyp und kann in der Farbskala die adäquaten individuellen Zwischentöne ableiten. Beeinträchtigungen durch die farbliche Umgebung oder eine ungünstige Beleuchtung nehmen Einfluss auf die optische Wirkung und müssen bei der Typeinschätzung ebenso berücksichtigt werden wie subjektiv verändernde Faktoren wie Solarien, Selbstbräuner und Haarfärbungen.

Der Frühlingstyp

AUGEN: Typbestimmend sind hier die Farben Blau, Wasserblau, Graugrün und Goldbraun. Häufig findet man goldene Flecken in der Iris. Ein intensives Grün oder Topasbraun entdeckt man beim Frühlingstyp seltener.

HAUT: Der Teint schimmert goldbeige, pfirsichrosa oder elfenbeinfarben mit einem leicht gelblichen bis zartgoldenen Unterton. Durch Sonneneinstrahlung bräunt die Haut nur leicht und entwickelt dabei goldbraune Sommersprossen. Bei Stress entsteht eine Tendenz zu hektischen Flecken. Häufig wirkt die Haut sehr zart, ist eher feinporig und neigt kaum zu Unreinheiten.

HAARE: Helle Haare mit einem warmen Goldschimmer, zum Beispiel Blondtöne wie Hellblond, Honigblond, Hellrotblond, warmes Dunkelblond und Goldbraun. Aschblond, Dunkelbraun und Schwarz findet man nicht beim Frühlingstyp.

BEISPIELE: Nicole Kidman (Foto), Claudia Schiffer

FARBBERATUNG: Helle, klare und warme Farben wie Lindgrün, Frühlingsgrün, Champagner, Honig, Cognac, Türkis, Aquamarin, Apricot, Lachsrot, Hummerrot, Mohnrot, Gold, Cremeweiß und Beige schmeicheln dem Frühlingstyp. Unvorteilhaft wirken harte, dunkle Farben wie Schwarz und kühle intensive Farben wie Pink, Dunkelblau und Oliv. Kontraste sind wichtig, damit man nicht blass oder krank aussieht.

MAKE-UP: Weniger ist mehr! Der Frühlingstyp profitiert von zarten Farben – intensive Töne irritieren eher. Mit einem leichten Rosa für die Lippen, zartem Apricot für den Lidschatten und Eyeliner in Braun unterstreicht man seinen Typ optimal.

Der Herbsttyp

AUGEN: Töne wie Goldbraun, Dunkelbraun oder Grün sind hier typisch. Die Iris kann außerdem hellblau oder türkisblau sein und ist häufig mit goldenen Flecken durchzogen oder dunkel umrandet. Ganz selten vertreten sind klare, blaue Augen.

HAUT: Der Teint ist beim Herbsttyp warm, gelblich oder golden. Vorherrschend ist eine blasse, elfenbeinfarbene Haut mit rötlichen Sommersprossen. Der Herbsttyp ist meist stark sonnenbrandgefährdet. Im Vergleich zum Frühlingstyp sind die Wangen nicht rosig.

HAARE: Rot in den vielfältigsten Abstufungen sowie Mittelblond bis Dunkelblond oder Braun mit warmen rötlichen oder goldenen Reflexen.

BEISPIELE: Julia Roberts (Foto), Senta Berger, Shirley MacLaine, Barbra Streisand, Esther Schweins

FARBBERATUNG: Harmonisch wirken die Herbstfarben der Natur, insbesondere die satten, warmen, erdigen und leuchtenden Nuancen, sowie Gewürzfarben mit einem gelblichen Einschlag. Curry, Khaki, Rostrot, Kupferrot, Kastanienrot, Olivgrün, Tannengrün, Goldbeige, Camel, Rehbraun, Schokobraun, Senfgelb, Petrolblau, Kupfer und Cognac sind sehr schmeichelhaft. Kalte und grelle Farben wie Pink und Zitronengelb oder kühle Blautöne wie Marineblau sind unvorteilhaft, ebenso wie Schwarz.

MAKE-UP: Warme Farben schmeicheln dem Herbsttyp – eine Foundation mit Goldeinschlag sowie leuchtende Rottöne für die Lippen wirken verführerisch. Das übrige Make-up in dezenten Naturtönen, die keine Blautöne enthalten, und der Look ist perfekt.

Der Sommertyp

AUGEN: Klare, graublaue, hellblaue, blaugrüne oder kühl wirkende haselnussbraune Augen sind typisch. Das Augenweiß ist beim Sommertyp zuweilen cremig und weniger klar von der Iris abgegrenzt.

HAUT: Der Teint ist beim Sommertyp häufig stärker pigmentiert als beim Frühlingstyp und weist einen bläulichen, kühlen Unterton auf. Die Haut kann dennoch sehr hell und mitunter rosig angehaucht sein. Manchmal wirkt sie auch leicht transparent; sofern Sommersprossen vorhanden sind, fallen diese eher graubraun aus.

HAARE: Farben wie Platinblond, Aschblond bis Dunkelbraun mit einer kühlen Aschtendenz sind beim Sommertyp häufig anzutreffen. Warme Nuancen mit einem rötlichen oder goldenen Glanz sind als Naturfarbe nicht vorhanden.

BEISPIELE: Taylor Swift (Foto), Doutzen Kroes, Fürstin Charlène von Monaco

FARBBERATUNG: Vorteilhaft sind alle kühlen Farbtöne wie Jeansblau, Himmelblau, Silbergrau, Taupe, Mauve, Flieder, Lavendel, Rosétöne, Himbeerrot, Mintgrün, Schilfgrün, Platin, Perlmutt, Rosa, kühle Pastellfarben sowie Beige- und Brauntöne, die keine Gelbtendenz haben. Weniger schmeichelhaft sind grelle und gelbstichige Farben wie Moosgrün, Bronze oder Ocker.

MAKE-UP: Sommertypen sollten für die Grundierung ein Make-up mit einem bläulich grauen Einschlag wählen, ansonsten können sie etwas stärker mit kühlen Farben experimentieren, zum Beispiel mit zartem Kirschrot für die Lippen oder Violett für den Lidstrich.

Der Wintertyp

AUGEN: Meist dunklere und ausdrucksvolle Augen, zum Beispiel Haselnussbraun oder Schwarzbraun, oder auch blaue Augen mit einem grauen Rand um die Iris. Das Augenweiß ist beim Wintertyp klar und in einem deutlichen Kontrast von der Iris abgegrenzt.

HAUT: Der Teint hat einen kühlen bläulichen Unterton. Die oberflächliche Hautfarbe reicht von sehr hell bis ganz dunkel. Mitunter hat der Wintertyp auch einen olivfarbenen Teint. Viele asiatische, mediterrane und dunkelhäutige Menschen gehören dem Wintertyp an.

HAARE: Häufig dunklere Haare, zum Beispiel dunkel- oder mittelbraun mit kühlen aschigen Farbreflexen bis schwarzblau. Blonde Haare sind eher selten anzutreffen.

BEISPIELE: Megan Fox (Foto), Liza Minnelli, Prinzessin Caroline von Hannover, Angelina Jolie

FARBBERATUNG: Empfehlenswert sind die eher kühlen und intensiven Farben: Kirschrot, Pink, Magenta, Purpur, Scharlachrot, Smaragdgrün, Chromgrün, Zitronengelb, Enzianblau, Royalblau, Nachtblau, Krokus, Violett, Schwarz, reines Weiß, Eisfarben wie Eisblau, Eisrosé, Silber und Marineblau. Warme, erdige Herbstfarben, Gewürzfarben und gelbstichige Nuancen lassen einen müden Eindruck entstehen.

MAKE-UP: Die Foundation sollte keinen Gold- oder Gelbstich haben, eine Blautendenz ist vorteilhaft. Der Wintertyp verträgt es knallig und darf sogar in den Farbtopf fallen – ohne großartig Gefahr zu laufen, angemalt zu wirken.

»DIE MODE IST EINE CHARMANTE TYRANNEI VON KURZER DAUER.« MARCEL ACHARD

Mode im Wandel

Dass Mode heute als Ausdruck der Persönlichkeit dient, verdanken wir unterschiedlichen Einflüssen. In der Antike hatte das Gros der Bevölkerung den Anspruch an Textilien, dass diese funktionell sein mussten, vor ungünstigen Wetterbedingungen schützten und bei der Arbeit nicht stören durften. Konträr zu diesen grundlegenden Erfordernissen nutzte die »Upperclass« Mode, um ihren gesellschaftlichen Status zu offenbaren und damit ein fundamentales Bedürfnis zu befriedigen – nämlich das der Abgrenzung. Bereits noch früher, nämlich um 3.000 vor Christus, war der höhere Stand eines Zeitgenossen an seiner Bekleidung – den Drapierungen, Verzierungen, Farben und Grundmaterialien – abzulesen. Frauen manifestierten ihren hohen Status durch aufwendig gearbeitete, mitunter hinderliche Kleidung. Und später im alten Rom lebten sie ihr Bedürfnis nach modischer Individualität aus, indem sie ihre weißen Tuniken mit reich verzierten, farbenprächtigen Stolen bedeckten. Und im späten Mittelalter ließ die Adelsfrau, die etwas auf sich hielt, kostbare Stoffe aus Samt, Seide und Brokat zu opulenten Roben schneidern. Dem Bedürfnis nach Expression geschuldet, wurde die Mode der nun folgenden Epochen – der Renaissance, des Barocks, des Rokokos – prunkvoller und pompöser. Die High Fashion des 21. Jahrhunderts besticht durch ihre Haute Couture – die hohe Schneiderkunst. Sie steht für individuell, in Handarbeit erstellte Damenmode – selbstverständlich maßgeschneidert. In den Kollektionen finden sich zudem häufig Entwürfe, die allein der Erzeugung von Aufmerksamkeit dienen. Der Begriff Haute Couture ist in Frankreich juristisch geschützt. Die Verwendung setzt eine Vollmitgliedschaft in der »Chambre Syndicale de la Haute Couture« voraus, um die sich die Modehäuser jede Saison erneut bewerben müssen. Breiter gefasst ist das Preisspektrum des Prêt-à-porters (auch »Ready-to-wear«), also Kleidung, die »bereit zum Tragen« ist. Diese Begrifflichkeit bezeichnet Designermode, die direkt vom Catwalk mit Standardgrößen und im fertigen Zustand in den Handel kommt.

Lange Zeit gönnten Frauen sich auch modisch nur wenige Freiheiten und manifestierten ihren Status durch den persönlichen Kleidungsstil.

Kleidungsstile

1 **ELEGANT-LUXURIÖS** Dieser Kleidungsstil steht für edle Materialien (Kaschmir, Seide, hochwertige Woll- und Baumwollfasern), perfekte Schnittverarbeitung, exklusive Details und dezente Muster. Der Look ist meist als Blazer-Kombination vollkommen und daher vielseitig tragbar. Die Einzelelemente sind gut kombinierbar und überdauern mehrere Saisons. Im elegant-luxuriösen Dresscode sind Used- oder Vintage-Styles eher selten gesehen.

Er ist prädestiniert für Berufe, in denen man ein anspruchsvolles, vornehm-kultiviertes Image verkörpert oder Exklusives repräsentiert. Die Outfitzusammenstellung muss nicht zwingend teuer sein.

Markenbeispiele
Armani, Céline, Escada, MaxMara

Stilbotschafterinnen
Iris Berben, Victoria Beckham, Michelle Obama

Themen
Forties-Style, Dandy, Pelz, dezente Applikationen

und Tendenzen

2 **SPORTIV-CASUAL** Streetstyle, lässiger Freizeitlook, bei dem die Passform und der Zustand unwichtig erscheinen. Häufig Retro- oder Vintage-Stilrichtungen (in der Mode steht Vintage für den Secondhand-Stil) mit Jeans, Sneakers, Sweatshirts und Karohemden. Es wird salopp gekrempelt, der Gürtel zu lang eingesteckt und ein Schal eher umgeschlungen als drapiert. Unangestrengt, casual getragen, soll der Look niemals bemüht oder gestylt wirken – ist mitunter aber gerade sehr inszeniert. Im Dresscode »sportiv-casual« ist beinahe alles erlaubt, was gefällt – zwanglos lautet die Devise.

Für kreative Berufe mit junger Zielgruppe. Kann fälschlicherweise als schlampig wahrgenommen werden – ist aber meist bewusst nachlässig.

Markenbeispiele
DIESEL, Levi's, 7 For All Mankind

Stilbotschafterinnen
Lena Meyer-Landrut, Zooey Deschanel, Cara Delevingne

Themen
Brit-Chic, Camouflage, Waschungen, Abschürfungen, Prints, Schottenkaro, Nieten

3 KLASSISCH-KONSERVATIV

Schlicht, zeitlos und zurückhaltend mit einer perfekten Schnittform. Minimal ablenkende Details oder Muster lassen den klassisch-konservativen Stil unaufgeregt erscheinen. Natürliche, reine Materialien sind hier ein Gebot, Farben wie Blau, Anthrazit, Beige, Camel dominierend. Im Dresscode »klassisch-konservativ« sind Jeans und Sweatshirt nur in der Edelvariante akzeptiert. Für Berufe, in denen eine Vertrauensbasis hergestellt werden muss, denn der Look vermittelt Understatement.

Kann auch versnobt, altmodisch, verstaubt wirken – ist, clever kombiniert, jedoch ideal zur Lookaufwertung geeignet.

Markenbeispiele
Burberry, DAKS, Hermès

Stilbotschafterinnen
Diane Keaton, Ursula von der Leyen, Herzogin Camilla von Cornwall

Themen
Purismus/Minimalismus, Preppy-Style, Gentlemen-Stil, Modeelemente wie Schluppenbluse, Plisseerock, Pünktchen

4 MODISCH-AVANTGARDISTISCH Alle Trends, häufig mediengeprägt, kurzlebig – manchmal verrückt oder provokant umgesetzt. Avantgardistisch bewegt sich im Unterschied zur modischen Stilausrichtung bewusst vom Mainstream weg. Die Looks erscheinen in der ersten Betrachtung meist untragbar, im Lauf der Saison sieht man die abgewandelten oder auch entschärften Varianten im Streetstyle. Modisch-avantgardistisch wird selten als Dresscode verlangt.

Für künstlerische Berufe, in denen man extrovertiert auftritt. Der Rückschluss auf Exaltiertheit lässt sich mitunter schwer vermeiden.

Markenbeispiele
DOLCE & GABBANA, Jean Paul GAULTIER, VICTOR&ROLF. Ebenso adaptierende Filialisten

Stilbotschafterinnen
Madonna, Lady Gaga, Rihanna

Themen
Urban, Grunge, Metallic, Lack, Materialmix – gern auch technische Fasern. Uniform-, Zimmermädchentrend, Bananenabsätze, Bling-Bling, Punkelemente.

Stilprägende Designer und ihre Klassiker

Ihrer Bedeutsamkeit entsprechend, finden Sie an dieser Stelle Designer, die Großes geleistet haben und/oder durch außergewöhnlich gute Kollektionen kontinuierlich neue Maßstäbe setzen.

COCO CHANEL Gabrielle Bonheur Chanel (19.8.1883–10.1.1971) gehörte zu den wenigen Frauen ihrer Zeit, die sich gepflegten Sarkasmus ungestraft leisten konnten. Als uneheliche Tochter des Straßenhändlers Albert Chanel und seiner früh verstorbenen Lebensgefährtin Jeanne Devolle verbrachte Gabrielle sechs Jahre ihrer Jugend in einem Waisenhaus. In dem katholischen Kloster erlernte sie den Beruf der Schneiderin und arbeitete mit 18 Jahren schließlich als Verkäuferin in einem Aussteuergeschäft. Dieses solide Fundament klassisch auszubauen entsprach jedoch nicht ganz den Vorstellungen der unerschrockenen und erlebnishungrigen Gabrielle. Denn das Leben hatte mehr zu bieten, und die junge Französin stürzte sich begierig hinein. Das Varieté lockte – und obwohl man ihre gesangliche Leistung mit der einer Krähe gleichsetzte, sorgte sie beherzt für Stimmung. So sehr gar, dass die Gäste des Etablissements – größtenteils Offiziere – sie enthusiastisch anfeuerten und Gabrielle damit ihren berühmten Spitznamen »Coco« gaben – geformt aus ihrem lediglich zwei Chansons umfassenden Repertoire: »Qui qu'a vu Coco?« und »Ko-Ko-Ri-Ko«.

Ob ihr Treiben der Entfaltung diente, einer Art von Rebellion entsprach oder ihren Drang, mit Männern zu spielen, befriedigte, hatte sie sich wahrscheinlich selbst nie gefragt – warum auch?

»Die Schönheit brauchen wir Frauen, damit die Männer uns lieben, die Dummheit, damit wir die Männer lieben.« Coco Chanel (hier mit Duke Laurino an ihrer Seite)

Denn von ihrem Weg, bedeutsam zu werden, ließ sich Coco durch diese Eskapaden eh nicht abbringen. Im Gegenteil. Dank ihres Förderers Étienne Balsan, eines Pariser Industriellensohns, gelang ihr 1910 die Eröffnung ihres ersten Hutsalons. Die Atelierräumlichkeiten: Balsans Wohnung. Obwohl der angesehene Franzose sie als »Illegitime« nicht in die feine Gesellschaft einführte – sondern lediglich an sie heran –, ebnete er ihr damit den Weg zur Selbstverwirklichung. Für die Pragmatikerin Coco war dies von großer Bedeutung. Zu behaupten, sie wäre abgebrüht gewesen, wäre unfair – denn der Zufall bescherte ihr nun mal hilfsbereite Männer. Da sie es als Kämpferin verinnerlicht hatte, sich nicht mit Umständen zu arrangieren, sondern das Beste aus einer Situation zu zaubern, gestattete sie sich auch für ihre persönlichen Beziehungen einen kreativen Gestaltungsspielraum – Überschneidungen störten da nur wenig. Nicht zuletzt, weil der nächste Liebhaber, Arthur »Boy« Capel, bereits mit ihr anbandelte. Und turbulent ging es auch mit ihrer Karriere weiter. Der britische Bergwerkbesitzer Capel verhalf der damals 27-Jährigen mit einem Kredit zu ihrer ersten Boutique in Paris. Deauville und Biarritz folgten alsbald.

Coco Chanel, die sich zeitlebens als »Mademoiselle« bezeichnete, erntete mit ihren Kreationen mehr als nur Achtungserfolge. Sie erwarb für sich etwas unermesslich Wertvolles: finanzielle Unabhängigkeit.

Auch ihre Mode leistete einen nicht unerheblichen Beitrag zur Emanzipation der Frau. So, wie Chanel die Köpfe ihrer Kundinnen vom »unnötigen Firlefanz« der überbordenden Hüte befreite, machte sie Schlichtheit und Funktionalität fortan très chic. Beinahe revolutionär waren Cocos weitere Entscheidungen. Denn es hieß bei ihr (wie auch zuvor bei Couturier Paul Poiret): Korsett, ade! Fischbein als unbequemes Material für Mieder wurde gänzlich aus ihren Entwürfen verbannt. Stattdessen setzte Coco mutig auf einen Stoff, der damals lediglich Männern für Unterkleidung zur Verfügung stand: Jersey. Vieles entlehnte sie aus der Herrenmode –

CHANEL heute: ein Store in Bangkok.

und da sie sich selbst ihr liebstes Model war, schneiderte Coco sich den Garçonne-Stil quasi auf den Leib. Sie entsprach mit ihrem schwarzen Bubikopf schließlich dem burschikosen Schönheitsideal der Zeit – welches unter anderem durch den Roman »La Garçonne« von Victor Margueritte geprägt wurde.

Das in sich verschlungene »Doppel-C« – ein Logo, das Begehrlichkeiten weckt. Natürlich auch bei einer »Nécessité« wie einer Puderdose.

Eines der persönlichen Markenzeichen der kettenrauchenden Diva war die Kamelienblüte. Häufig sah man Coco in

Audrey Tautou spielte die Hauptrolle in dem Film »Coco Chanel – Der Beginn einer Leidenschaft«.

Tweedkostümen mit zweifarbigen Pumps und etlichen Perlenketten – einem Look, den man auch heute noch als den typischen CHANEL-Stil bezeichnet. Legendär wurden zudem ihr »kleines Schwarzes«, die gesteppte Lederhandtasche mit Kette und der Duftklassiker CHANEL No 5.

Als Eigentümerin eines weltumspannenden Modeimperiums baute Coco sich im Laufe der Jahre einen erlesenen Freundeskreis auf – zu dem Persönlichkeiten zählten wie die Baronin Rothschild, der Herzog von Westminster, Winston Churchill, Igor Strawinsky, Jean Cocteau, Pablo Picasso und Salvador Dalí. Verheiratet war Coco nie. Der Frau ihrer einzigen großen Liebe – Arthur »Boy« Capel – schneiderte sie das Brautkleid.

CHRISTIAN DIOR Spricht man von bedeutenden Modedesignern, kommt man an einem Namen nicht vorbei: Christian Dior (21.1.1905–24.10.1957). Obwohl er seinem 1947 gegründeten Unternehmen nur zehn Jahre vorstand – er verstarb 1957 an einem Herzanfall –, setzte er neue Maßstäbe in der Damenmode. Mit seiner »Ligne Corolle« (Blütenkelchlinie) kreierte er den New Look der Nachkriegszeit. Dieser wartete mit schwingenden Röcken zu schmalen Taillen und Schultern auf.

Besondere Aufmerksamkeit errangen Diors Rockformen: die »Vertikallinie«, die »Ovale Linie«, die »Profillinie« sowie die »Kuppel-«, die »Tulpen-« und die »Maiglöckchenlinie«. Dior schuf mit seinen

Kreationen eine neue feminine Eleganz, die auch international Beachtung fand. Dass Paris zur Modehauptstadt Nummer eins avancieren konnte, wird ihm zugeschrieben. Seine exklusive Haute-Couture- und Prêt-à-porter-Mode brachte die Frauen auf einzigartige Weise zum Erstrahlen.

Als einer der Ersten vergab Dior Lizenzen und baute damit seinen Accessoire-, Strumpf- und Kosmetikbereich erfolgreich aus.

Nach Diors Tod war Yves Saint Laurent (1.8.1936–1.6.2008) für die Kollektion verantwortlich. Der ehemalige Assistent Diors leitete mutig einen neuen Kurs in der Mode ein. Seine »Ligne Trapèze« verabschiedete sich von der Wespentaille und gestattete es der Frau, Weiblichkeit mit Freiraum zu genießen. Yves Saint Laurent wurde international für diesen Trend gefeiert. Die Weiterentwicklung zur Op-Art-Mode, in der man zwar die Opulenz des Dior-Stils bewahrte, aber auf Versteifungen und Wattierungen an Taille, Brust und Schultern verzichtete, war dem Unternehmenseigner und Mitbegründer Marcel Boussac jedoch zu avantgardistisch. Man trennte sich nach nur sechs Saisons von Yves Saint Laurent, der als psychisch labil galt und zum Drogenkonsum neigte. Der Designer verklagte daraufhin erfolgreich das Unternehmen Dior wegen Vertragsbruchs und gründete mit den zugesprochenen 100.000 US-Dollar – man ahnt es – sein eigenes Label.

Für Furore sorgte der introvertierte Künstler mit seiner Neuinterpretation des Herrensmokings »Le Smoking«, in dem Frauen subtile Erotik im maskulinen Gewand ausstrahlten.

In Christian Diors Prêt-à-porter-Show erhält die feminine Eleganz eine neue Leichtigkeit.

Bei Dior brachen unterdessen schwierige Zeiten an. In den Siebzigerjahren kriselte es – die Marke wurde oft kopiert. In den Achtzigern sah man Dior als zu klassisch an – was eine radikale Neustrukturierung zur Folge hatte. Mit den Designern Gianfranco Ferré und John Galliano gelang dem Unternehmen eine spannende Repositionierung im Markt.

Galliano, das Enfant terrible der Branche, musste allerdings aufgrund antisemitischer Aussagen 2011 seinen Platz räumen. Seitdem arbeitet der Belgier Raf Simons, der zuvor bei JIL SANDER designte, im Hause Dior.

KARL LAGERFELD Karl Lagerfeld (* 10. 9. 1938) muss man eigentlich kaum noch vorstellen. Der Modeschöpfer, Designer, Kostümbildner und Fotograf ist über die deutschen Grenzen hinweg bekannt, berühmt und berüchtigt. Sein feinsinniger Humor kann blitzschnell von erfrischend-unverblümt zu scharfzüngig-zynisch wechseln. Einen Grund, mit wohlplatzierter Kritik hinterm Berg zu halten, sieht er nicht. Als die Instanz im Fashionbusiness erwartet man es schließlich auch nicht anders von ihm und verzeiht es ihm überdies gern. Denn er hat sich in der Modewelt Respekt erworben: Karl Lagerfeld ist ein Ausnahmetalent und genießt das außergewöhnliche Privileg, einen Vertrag auf Lebenszeit mit dem Hause CHANEL zu haben. Und das nicht ganz ungerechtfertigt: Als er 1983 in das Unternehmen eintrat, hatte das Image der Marke stark an Glanz verloren. Mit seiner sehr mutigen und eigenwilligen Neuinterpretation des typischen CHANEL-Stils gelang es Lagerfeld jedoch fulminant, dem in die Jahre gekommenen Luxuslabel Leben einzuhauchen. Mikro-Bikini, Motorradjacke, Punkelemente – unmöglich war gestern!

Heute designt der Tausendsassa höchstvergnüglich haarscharf am Skandal vorbei und wird dabei auch gern mal politisch: 2013 beendet er seine CHANEL-Show mit zwei Bräuten, während in Frankreich die Homo-Ehe diskutiert wurde. Formidabel werbewirksam und scheinbar spielerisch schafft Lagerfeld es so, mit seinem unkonventionellen Stil neue Zielgruppen für CHANEL zu erobern. Mittlerweile sieht man das verschlungene Doppel-C auch an trendigen, gut betuchten jungen Frauen.

Karl Lagerfeld als CHANEL-Designer auf der Pariser Fashion Week.

Auch für FENDI ist er seit 1965 als Designer tätig. Sein außergewöhnliches Talent stellte der Maestro außerdem für KRIZIA, Charles Jourdan, Chloé, Max-Mara, Pierre Balmain sowie JEAN PATOU unter Beweis. Selbst eine Kooperation mit dem schwedischen Modefilialisten Hennes & Mauritz (H&M) oder seine günstigere Linie namens »Karl« tut seinem Erfolg keinen Abbruch. Im Gegenteil. Was anfangs Häme und Unverständnis provozierte, fand sehr schnell Nachahmer. Streitbar zu sein ist scheinbar nur ein Markenzeichen des in Paris lebenden Deutschen. Mit zahlreichen Ehrungen und Preisen – sowohl für seine Modekreationen als auch für seine Fotokünste – ausgezeichnet, erhält der Designer höchste Anerkennung für seine Vielseitigkeit und zählt zu einer der bedeutsamsten Persönlichkeiten in der Szene.

GIORGIO ARMANI Giorgio Armani (* 11.7.1934) wählte nicht den direkten Weg in die Modebranche. Nach einem abgebrochenen Medizinstudium schlug sich der talentierte Italiener eine Weile mit Gelegenheitsjobs durch, unter anderem als Schaufensterdekorateur. Dank seines künstlerisch-kreativen Geschicks stieg er bei seinem Arbeitgeber, der Mailänder Warenhauskette »La Rinascente«, jedoch rasch zum Einkäufer für Herrenmode auf. Von 1961 an arbeitete er neun Jahre für Nino Cerruti. Er entwarf dort seine ersten eigenen Herrenmodelle – und bekam Lust auf mehr. Gemeinsam mit seinem Lebensgefährten Sergio Galeotti wagte er den Schritt in die Selbstständigkeit und eröffnete 1970 sein eigenes Designatelier. Trotz Opferbereitschaft – er verkaufte sein heiß geliebtes VW-Käfer-Cabrio – ließen die Erfolge noch auf sich warten. Und so tobte Armani sich zunächst auch freiberuflich für ungaro und Zegna aus. Währenddessen perfektionierte er seinen Stil.

»Eine Frau wird nicht dadurch erotisch, dass sie ihre Brüste oder ihren Hintern zeigt, sondern durch ihre Ausstrahlung.« Giorgio Armani

1974 gründete der an Erfahrung gereifte Italiener schließlich sein eigenes Modeunternehmen. Eine gute Entscheidung, wie sich herausstellen sollte. Denn mit der Ausstattung bedeutender Hollywoodgrößen wie Richard Gere im Film »Ein Mann für gewisse Stunden« oder auch Kevin Costner und Sean Connery gelang ihm auch der internationale Durchbruch.

Damenmode designt der detailverliebte Asket, wie er gern beschrieben wird, erst seit 1975. Sein klarer Stil offenbart sich durch präzise Schnitte und schlichte Eleganz, die luxuriös anmutet. Die Handschrift des Puristen findet man heute in den Kollektionen: Giorgio Armani, Armani Collezioni, Emporio Armani, Armani Jeans, Armani Junior, Armani Privé, Armani Exchange, Armani Casa, Giorgio Armani Cosmetics, Armani Libri, Armani Flori, Armani Dolci.

Als Alleinaktionär seines Unternehmens schätzt der dezent auftretende Italiener seine finanzielle Unabhängigkeit und lehnte bislang zahlreiche Übernahmeangebote großer Konzerne ab.

LOUIS VUITTON Schon während seiner 17-jährigen Tätigkeit als angestellter Koffermacher registrierte der junge Louis Vuitton (4.8.1821–27.2.1892) einen zunehmenden Bedarf an handlichem Reisegepäck. Die wachsende Reiselust der gehobenen Gesellschaft bestärkte ihn in seiner Überzeugung, eine Alternative zu sperrigen Reisetruhen bieten zu müssen. Der Grundstein für die Louis Vuitton Malletier S.A. war damit gelegt. 1854 gründete der französische Handwerker in Paris seine Reisegepäckmanufaktur und ahnte sicher nicht, wie sich sein Geschäft einmal weiterentwickeln würde: nämlich zum heute weltweit größten Modeimperium. Die Marke Louis Vuitton gehört seit ihrer Fusion mit dem Spirituosenproduzenten Moët Hennessy 1987 zu dem dadurch neu entstandenen Luxusgüterkonzern LVMH Moët Hennessy • Louis Vuitton S.A. (dem auch noch andere Labels angehören wie FENDI, GIVENCHY, Donna Karan, KENZO, LOEWE, MARC JACOBS).

Erst seit 1997 gibt es neben Reisegepäck und Accessoires auch Damen- und Herrenmode. Der Amerikaner Marc Jacobs designte von Anfang an – über 16 Jahre hinweg – als Kreativdirektor die Prêt-à-porter-Mode für das Unternehmen. Dass Marc Jacobs unter seinem eigenen Namen drei weitere Linien verantwortet, beeinträchtigte den Erfolg von Louis Vuitton bis zur Verkündung von dessen Ausstieg im Oktober 2013 nicht. Es ist davon auszugehen, dass die Nobelmarke auch unter seinem Nachfolger Nicolas Ghesquière so begehrenswert

Aus der Kollektion »MARC by MARC JACOBS« auf der New York Fashion Week.

bleibt. International ist der Kult um das Label herum in den letzten Jahren kontinuierlich gewachsen. Ob Canvas oder Leder, ob als Fake oder im Original, ob als Hündchen-Behausung oder Businessbag: Das LV-Logo ist generationenübergreifend angesagt. Die Identifikation mit dieser scheinbar anbetungswürdigen, berühmten Signatur versetzt in Erstaunen – manch eine Institution würde sich sicher ein ähnliches Bekenntnis zum Gebotenen wünschen …

PRADA

Miuccia Prada – die Chefin des Modeimperiums.

Das 1913 von den Brüdern Mario und Martino Prada gegründete Unternehmen war in den Anfängen ausschließlich auf die Fertigung und den Verkauf hochwertiger Lederwaren spezialisiert. In der eleganten Galleria Vittorio Emanuele II in Mailand bot man Taschen, Koffer und Handschuhe aus feinsten Materialien an. Eine erstklassige Verarbeitung prägte den typischen PRADA-Stil. Und die Kompromisslosigkeit bezüglich der Qualität wurde gewürdigt und honoriert. Denn 1919 wählte man PRADA zum offiziellen Lieferanten der italienischen Königsfamilie aus (noch heute erinnert das Wappen des Hauses Savoyen im PRADA-Logo an diese Adelsverpflichtung). Prestige allein reichte jedoch nicht für eine dauerhafte Markenpräsenz.

Auch PRADA musste schwere Zeiten überstehen und zunehmend gegen ein leicht verstaubtes Image ankämpfen.

Für frischen Wind – im wahrsten Sinne des Wortes – sorgte schließlich PRADA-Enkelin Miuccia Prada (* 10.5.1949) mit ihrem Einstieg in das Unternehmen. Sie verwendete Fallschirmnylon als edles Taschenmaterial und löste damit einen absolut unerwarteten Hype um die Marke aus. Der studierten Politikwissenschaftlerin mit Schauspielausbildung gelang der Spagat, mit innovativen Ideen dennoch den Luxusappeal des Labels zu bewahren.

Ihre erste Prêt-à-porter-Kollektion präsentierte die Italienerin 1985.

Nicht nur der Teufel trägt Prada …

Kühn eroberte sie mit ihrem sogenannten »Bad-Taste-Look« neue Zielgruppen für PRADA – und bekannte dabei ungewöhnlich offen ihr Erfolgsgeheimnis, nämlich: hässliche Kleider aus hässlichen Stoffen zu fertigen, die hinterher trotz allem gut aussehen würden. Sie behielt recht. Obwohl die Muster ihrer Kleider in der Tat an Tapetenmuster der Siebzigerjahre erinnerten, gelang ihr der Aufstieg in den Fashion-Olymp.

1993 erhielt die Quereinsteigerin sogar eine Auszeichnung des »Council of Fashion Designers of America«. VOGUE-Chefin Anna Wintour, die als Vorlage des Films »Der Teufel trägt Prada« diente, ließ sich 2004 gegenüber Miuccia Prada gar zu einem Kompliment hinreißen, das einer Heiligsprechung nahekam: »Du bist der einzige Grund, weswegen wir alle [die internationale Presse] nach Mailand zu den Modeschauen kommen.« Und 2007 huldigte die angesehene Modejournalistin Suzy Menkes, dass ihre Kollektion der Konkurrenz um Lichtjahre voraus sei. Kritiker sind sich einig – Miuccia Prada ist eine Visionärin. Nicht ohne Grund wird ihr eigenwilliger Stil mit den markanten Mustern und Zierelementen von den angesagtesten Modefilialisten der Welt kopiert.

Unverwechselbar ist sie auch mit ihrem 1992 gegründeten Label »MIU MIU« (benannt nach ihrem Spitznamen), welches trotz des günstigeren Preises nichts an Raffinesse einbüßt. Außerdem wurde 1998 die Marke »PRADA Sport« präsentiert, die sich heute als »PRADA Linea Rossa« im Markt behauptet. Miuccia Prada ist verheiratet mit Patrizio Bertelli, einem italienischen Geschäftsmann, der als Eigentümer eines Lederwarenbetriebes ursprünglich auch PRADA belieferte. Er ist heute CEO des Konzerns.

GUCCI ... oder wie man aus der Not zwar keine Tugend, aber immerhin eine Tasche mit Kultstatus kreiert: die legendäre Bamboo Bag!

Es war einmal ein Sattlermeister namens Guccio Gucci (26.3.1881–2.1.1953), der 1921 im schönen Florenz eine Ledermanufaktur gründete und darin elegante Handtaschen sowie Gepäck fertigte. Als der findige Italiener 1947 mit seinem zwischenzeitlich stark

Aus der GUCCI-Womenswear Sommer 2013 Kollektion.

gewachsenen Unternehmen den Folgen einer Ressourcenknappheit ausgesetzt war und wenig Leder beziehen konnte, zwang er sich zum Umdenken. Alternativen mussten her – und was weit entfernt von einer perfekten Lösung schien und eigentlich so gar nicht passte, wurde dennoch passend gemacht: der Bambusgriff für die Handtasche!

Was, ebenso wie Hanfmaterial, zunächst als rein experimentelle Notlösung gedacht war, arrivierte völlig überraschend zum Verkaufshit.

Die luxuriöse Umsetzung eigenwilliger Ideen bescherte der Edelmarke im Laufe der Zeit viele prominente Fans. Um nur einige zu nennen: Jackie Kennedy, Elizabeth Taylor und Grace Kelly. Jackie Kennedy verlieh der GUCCI-Schultertasche in den 1960er-Jahren ihren legendären Namen »Jackie O.«. Für Grace Kelly persönlich entwarf man einen Seidenschal mit einem Blütenmuster, das Berühmtheit erlangte (das Flora-Design). GUCCI erregte jedoch nicht nur mit exklusiven – durch den Reitsport inspirierte – Lederwaren und Textilien Aufmerksamkeit. Es lieferte auch einen erschütternden Skandal: 1995 wurde Maurizio Gucci, der Enkel des Firmengründers, ermordet. Für die Tat verantworten musste sich die Exfrau des Verstorbenen, Patrizia Reggiani.

Doch nicht nur der Anschlag setzte dem Unternehmen zu – schon vor diesem einschneidenden Ereignis hatte GUCCI stark mit Umsatzeinbußen zu kämpfen. Ab 1987 erwarb ein Investmentunternehmen mit Sitz im Bahrain nach und nach GUCCI-Anteile und übernahm in den 1990er-Jahren die Gesellschaft vollständig.

Tom Ford, der noch von Maurizio Gucci als Designer engagiert wurde, gelang es jedoch, die Marke neu zu positionieren. Mit provokanten Ansätzen – tief

Tom Ford läutete mit seiner unverkennbaren Handschrift eine neue Ära bei GUCCI ein.

ausgeschnittene Seidenjerseykleider mit Metallic-Schmuckelementen oder aufregenden Cut-Outs und Stilettos – verlieh er der Kollektion glamourösen Sex-Appeal. Zudem sah man Tom Ford als den Urheber des »Clean Chics«. 2003 verließ er jedoch das Unternehmen, um seine eigene Marke zu gründen.

Bis heute ist Frida Giannini, die zuvor die kreative Leitung der GUCCI-Abteilung für Accessoires ausübte, Creative Director bei GUCCI. Ihr gelingt es stilbewusst, Tradition und Moderne zu vereinen. Die GUCCI-Trense und den Handtaschengriff aus Bambus setzt sie als die legendären Markenzeichen wieder eindrucksvoll in Szene. Die ehemalige FENDI-Designerin genießt, insbesondere durch ihre Neuinterpretation des Blütenmusters »Flora« als Kollektion, hohe Anerkennung für ihr Schaffen.

DOLCE & GABBANA »We're not about minimalism, we're massimalismo«, so Stefano Gabbana (* 4.11.1962). Und damit alles – nur nicht langweilig. Das eingespielte Duo Domenico Dolce (* 13. 8.1958) & Stefano Gabbana zelebriert luxuriösen Sex-Appeal mit einer typisch sizilianischen Note. Die Zutaten dieser »Raubtierbändiger«: schwarze Spitze, opulente Floralmuster und natürlich Animal-Prints. Mit gefährlich spitzen High Heels, stark betonten Taillen und umwerfenden Dekolletés setzen sie »La bella figura« unverkennbar prachtvoll in Szene.

Gute Freundschaften muss man pflegen: Domenico Dolce, Anna Wintour, Scarlett Johansson, Stefano Gabbana und Franca Sozzani auf einem VOGUE-Event.

RALPH LAUREN

Mode, nicht nur für Polospieler.

Rund 30 Fashionlabels zählen zu RALPH LAUREN, dessen Gründer 1939 in der New Yorker Bronx, USA, geboren wurde. Er lebt den amerikanischen Traum persönlich vor und projiziert ihn erfolgreich auf seine Werbung. Ralph Lauren startete als Verkäufer, erwarb die Rechte an der Marke Polo und machte sich 1967 mit 50.000 US-Dollar Kredit selbstständig. Neben Mode findet man seinen rustikalen, aber dennoch sportlich umgesetzten amerikanischen (Hamptons-)Lifestyle zudem bei Wohnaccessoires, Möbeln und Kosmetika.

VERSACE Gianni Versace (2.12.1946–15.7.1997 war der »Schöpfer des Neobarocks«. Seit seiner Ermordung 1997 ist Donatella, die Schwester des Designers, für die Kollektion verantwortlich. Ihr gelingt es, sein Erbe hochzuhalten und den typischen Glam-Faktor mit eigenwilligen Interpretationen zu bewahren.

Leuchtend, schimmernd, sexy – so setzt Donatella den Stil ihres Bruders fort.

Nach wie vor gilt: Wer VERSACE trägt, muss einfach auffallen. Das italienische Label kleidet die Celebritys wie Madonna und Demi Moore nicht nur ein – es schafft auch Stars. Legendär: Liz Hurley in ihrem schwarzen, mit überdimensionalen Sicherheitsnadeln zusammengehaltenen Kleid.

CHLOÉ Ein Hauch femininer Romantik. Die in Ägypten geborene Gaby Aghion (* 1921) gründete 1952 gemeinsam mit Jacques Lenoir das in Paris ansässige Unternehmen. Als Chefdesigner verpflichtete man – von 1966 bis 1997 (mit einer sechsjährigen Unterbrechung) – keinen Geringeren als Karl Lagerfeld. Er prägte das Label mit verspielter Prêt-à-porter-Mode aus weich fließenden und hochwertigen Materialien. Unter Stella McCartney entstand die Zweitlinie: See by Chloé.

Seit 2011 verantwortet Clare Waight Keller die Chloé-Kollektion. Bei ihr erhalten die blumigen Prints eine entspannte Lässigkeit und lassen so einen unangestrengten Look entstehen.

ROBERTO CAVALLI

Drei Worte: sexy, sexy, sexy!

Eigentlich wollte Roberto Cavalli (* 15.11.1940) Architekt werden … Glücklicherweise kam ihm dann jedoch eine Tischtennisplatte in die Quere. Aber statt sich einer langweiligen Sportart zu widmen, entwickelte der gewiefte Italiener genau auf dieser ein patentiertes und durchaus gefragtes Lederdruckverfahren. Seine Experimentierfreude verleitete den in Florenz geborenen Lebemann außerdem dazu, Leder im Patchwork-Stil zu verarbeiten. Natürlich weckte er auch damit Begehrlichkeiten. Seine Kollektionen mit Reptil-, Leoparden- oder Zebradesigns verführen internationale Stars und den Jetset. Für die weniger gut Betuchten brachte Roberto Cavalli das Animalische zudem in einer H&M-Kollektion heraus.

VALENTINO Der Meister der Couture. Niemand präsentiert Rot so virtuos glamourös wie VALENTINO (* 11.5.1932). In seinen Roben wird die Frau zum Star. Auch unter dem seit 2008 verantwortlichen Design-Duo Maria Grazia Chiuri und Pier Paolo Piccioli ist VALENTINOs Stil der Inbegriff von Eleganz: Kompromisslos, edel, aufregend und weit entfernt von dunkler Tristesse.

Aus der »VALENTINO Retirement Exhibition« 2007 in Rom.

JIL SANDER

Drew Barrymore in einem Kleid von Jil Sander.

Puristisch, klar und edel – so die unverkennbare Handschrift der Hanseatin. Jil Sander (* 27.11.1943) bietet Understatement in Vollkommenheit. Für ihren schlichten Karrierelook erwirbt sie internationale Anerkennung. Sie war es, die den Zwiebel- oder auch Lagenlook ins Leben rief. Auch in ihrer Werbung betrat die anmutige Modeschöpferin neues Terrain. Denn sie lancierte als Erste ihrer Branche Werbekampagnen mit ihrem eigenen Gesicht.

Dass die Ansprüche der Perfektionistin extrem hoch sind, überrascht nicht. Was jedoch nur für wenige nachvollziehbar war: Raf Simons – der 2005 nach Jil Sanders Rückzug aus dem Unternehmen ihren minimalistischen Stil als Chefdesigner exzellent aufgriff – musste 2012 das Haus verlassen. Das Comeback der »Queen of Less« währte allerdings nicht lang, denn Ende 2013 beschloss Jil Sander erneut ihren Ausstieg aus dem Geschäft. Die Anschlusskollektion entwarf ein in ihrer Zeit ausgebildetes Designerteam.

JEAN PAUL GAULTIER Seine Kreativität entwickelte Gaultier (* 24.4.1952) schon sehr früh – denn sein erstes Modeopfer war sein Teddybär. Und seinen Spieltrieb weiß der Franzose auch heute noch für seine Entwürfe zu nutzen! Eine Prise Exzentrik, einen Hauch Ironie und eine Riesenportion Kreativität – fertig ist eine Kollektion, die als künstlerisch wertvoll betitelt werden kann. Mit einem kecken Augenzwinkern wagt Gaultier die kunstvolle Symbiose aus Punk und Bourgeoisie. Was unvereinbar scheint, fügt er höchst lustvoll zusammen. Der Mann mit dem geringelten Matrosenshirt liebt die Provokation und setzt damit neue Maßstäbe. Der Büstenhalter – gern auch wie bei Madonna mit spitzen Körbchen – avancierte dank Gaultier, wie auch das Korsett, zur bedeutsamen Oberbekleidung.

Wild at heart! Jean Paul Gaultier hier mit Bérénice Lim Marlohe.

ALEXANDER WANG Futuristisches Design mit Grunge-Elementen – so lässt sich der Stil des experimentierfreudigen Kaliforniers Alexander Wang (* 26.12.1983) am besten beschreiben. In seinen Kollektionen bietet er scharf geschnittene maskuline Looks aus Materialien wie Leder, Neopren, Latex und Pelz.

GIAMBATTISTA VALLI Kleider wie aus Tausendundeiner Nacht. Der italienische Designer kreierte bereits für FENDI, KRIZIA und ungaro. Giambattista Valli (* 1966) beherrscht das Spiel mit den Proportionen und verleiht seinen Modellen Spannung durch ungewöhnliches Volumen. Der Cocoon-Dress ist nur ein Beweis seiner Vielseitigkeit.

GUIDO MARIA KRETSCHMER Der Frauenflüsterer. Seine Kreationen sind stilvoll und tragbar. Geliebt wird Guido Maria Kretschmer (* 11.5.1965) nicht nur wegen seiner Mode, sondern auch wegen der charmant-süffisant vorgetragenen Kommentare in der Sendung »Shopping Queen«.

Magermodels und untragbare Looks

Was Glamour verspricht und von außen betrachtet einem Traum gleichkommt – als Model zu arbeiten, um die Welt zu jetten, teure Kleider zu tragen, angebetet zu werden –, entpuppt sich bei genauerem Hinsehen häufig als absoluter Horror. Das Wort »Mädchenhandel« zu verwenden wäre unangemessen – denn die Mädchen lassen sich freiwillig auf ihre Verpflichtungen ein. Die Sache mit der Freiwilligkeit verwischt sich in der Praxis jedoch schnell, nicht zuletzt, weil die Aufträge im Vorfeld selten vollends einschätzbar sind. Daher die gesamte Branche zu verunglimpfen wäre unfair, doch Faktum ist, dass es Verträge gibt, unter denen die Mädchen sich zunächst in Schulden stürzen. Ebenso gibt es Agenturen, die tendenziell eher magere Mädchen vermitteln und sie gelegentlich auch verschleißen.

Tägliches Wiegen – ein wichtiges Ritual für Models.

In Spanien versucht man, den ungesunden Jobvoraussetzungen entgegenzuwirken, und schreibt per Gesetz vor, dass nur noch Models auf den Laufsteg dürfen, die mindestens einen Body-Mass-Index (BMI) von 18 haben. Aber BMI hin oder her – es wird nur gebucht, was nahezu fragil wirkt. Nachvollziehbar ist das nur bedingt. Denn Mode, die von Frauen präsentiert wird, die so gar nichts mit dem zu tun haben, was man im täglichen Straßenbild sieht, sollte uns eigentlich nicht zum Kaufen animieren. Dennoch scheinen Designer diesem Trend seit Jahrzehnten zu verfallen. Und man fragt sich: Ist das möglicherweise doch eine Reaktion auf die Haltung von Einkäufern, Bloggern und

Magazinen, die eine bestimmte Darstellung nahezu glorifizieren – und inwieweit nimmt auch unser Kaufverhalten Einfluss auf diese Entwicklung?

Um zu verstehen, warum Designer häufig absolut untragbare Looks auf den Laufstegen zeigen, empfiehlt es sich, die Perspektive ein klein wenig zu verändern.

Eine Modenschau dient dazu, eine Richtung vorzugeben. Es muss mindestens zweimal im Jahr eine neue Kollektion geboten werden. Um Spannung, Neugierde und letztendlich Kauflust beim – nicht selten übersättigten Kunden – zu erzeugen, muss man etwas bieten. 08/15 lockt niemanden hinterm Ofen im Designerloft hervor. Möchte man Aufmerksamkeit erzielen und im Gespräch sein, muss man gelegentlich polarisieren und auch provozieren. Was auf den Laufstegen gezeigt wird, weicht daher auch häufig stark von dem im Handel zur Verfügung stehenden Sortiment ab. Wichtig für den langfristigen Erfolg eines Labels ist es, mögliche Bedürfnisse zu wecken, anstatt offensichtliche zu befriedigen. Und dabei muss manchmal nicht nur ein Textil, sondern ein Lebensgefühl transferiert werden – bisweilen führt das zu Verwirrung.

IRIS VAN HERPEN beweist es: Mode will nicht verstanden werden. Für die niederländische Designerin ist Mode ein Ausdruck von Kunst. So war ihre »Future-Fashion« dann auch im Jahr 2012 für sechs Monate im Groninger Museum zu bewundern. Der Ehre nicht genug, kürte das TIME-Magazin zudem ein von ihr entworfenes 3-D-Kleid als eine der 50 besten Erfindungen des Jahres 2011. Chapeau!

Fashion Blogging

Ausnahmsweise die schlechte Nachricht zuerst: Ihren ultimativen Style werden Sie möglicherweise nie finden. Die gute Nachricht: Ihren ultimativen Style werden Sie möglicherweise nie finden. Wäre doch auch langweilig! Wandelbar zu sein sollte etwas mit Genuss zu tun haben. Ein Look, der nur mit einer Entourage an Helfershelfern wie Visagisten und Stylisten funktioniert oder eine Kreditaufnahme erfordert, hat definitiv einen Beigeschmack und kann nur bemüht wirken. Denn Mode ist ein Ausdruck der Persönlichkeit – wenn man ihr nicht hinterherhechtet, sondern intuitiv wählt. Sie lädt dazu ein, sich ihrer zu bedienen und mit der richtigen Haltung seinen Auftritt zu zelebrieren. Was dabei lässig und was nachlässig wirkt, hängt manchmal nur von Details ab.

(Fashion) Blogging: Eine Form von Demokratie – wer sich berufen fühlt, schreibt drauflos.

Der meist unspektakulär in Szene gesetzte Streetstyle bringt unkomplizierte Inspiration und senkt die Hemmschwelle für die Eigenkreationen. Ihn frech zu adaptieren kann eine Menge Spaß bringen. Orientierung bieten dabei die Fashion Blogger, deren bezaubernd eigenwillige Modeinterpretationen sehr erfrischend sein können. Dennoch sollte man wissen, dass Blogger selbst ernannte Experten sind, denen es neben der Modeberichterstattung und Selbstinszenierung sehr häufig darum geht, mit ihren Blogs zu polarisieren. Denn: Provoziert man mit seinen Beiträgen viele Klicks, gelingt es einem möglicherweise, lukrative Vertragspartner für die Website zu finden. Was nicht bedeuten soll, dass dies die Motivation für die Artikel ist – aber auch ein Blog lebt nicht unbedingt von Luft und Liebe allein. Außerdem wird mit der Website meist ein Grad an Extrovertiertheit ausgelebt, der bisweilen eine Eigendynamik entwickelt. So sind die selbst erkorenen Modeexperten nicht selten auch Selbstdarsteller, die mit ihren Ansichten im ungünstigsten Fall durchaus Verwirrung stiften. Doch die Daseinsberechtigung ist definitiv gegeben, denn Blogger sind eine Bereicherung für das schnelllebige und launenhafte Modebusiness. Mit ihrer Leidenschaft beweisen sie eine Mode-DNA, die auch Designer begeistert. Diese arrangieren sich längst nicht mehr nur mit Bloggern – sie platzieren sie bei ihren Modenschauen Ehrfurcht gebietend in den vorderen Reihen, der sogenannten Frontrow. Designer gestehen ihnen damit eine Bedeutung zu, die sie gleichrangig mit A-Liga-Promis und führenden Modejournalisten erscheinen lässt.

Die Frontrow – wer hier sitzt, hat es geschafft. Ob das auch in der Folgesaison so bleibt, muss sich noch herausstellen.

Die Stars der Szene: Hanneli Mustaparta, Anna Dello Russo, Miroslava Duma und Elin Kling haben bereits einen Kultstatus erworben und werden nicht selten wie Stilikonen gehandelt. Die Medienpräsenz der meist jungen Bloggerinnen wissen die Modefirmen selbstverständlich für sich zu nutzen – und statten besonders angesagte Fashionistas mit Kleidung und Accessoires der jeweils aktuellen Kollektionen aus. Einen Flokati-Teppich oder auch Monchichi-Look an einem Streetstyle-Star im normalen Straßenbild zu sehen enthemmt potenzielle Kundinnen nun mal ungemein. Da Blog-Leser sie dennoch als unabhängig betrachten, genießen die Fashionistas eine hohe Glaubwürdigkeit. Dies erhöht die Attraktivität als Werbepartner immens. Der Mythos der Zufälligkeit, den die Fotografien vermitteln, hat sich als wertvolles Marketinginstrument herausgestellt. Die New Yorker Fashionagentur SOCIALYTE hat mehr als 500 Blogger unter Vertrag. Agenten selektieren die Besten unter ihnen und handeln lukrative Arrangements für die neuen Stilvorbilder aus. Also Selbstinszenierung, die Früchte trägt: Elin Kling hat eine eigene Kollektion bei GUESS BY MACIANO. Anna Dello Russo, die Modechefin der japanischen VOGUE, hat ihre extravaganten Looks für H&M erschwinglich gemacht.

Fashionista, Bloggerin, It-Girl, Topmodel sind nur einige Bezeichnungen für die Engländerin mit den markanten Augenbrauen – Cara Delevingne.

Mode und Alter

»Hinten Lyzeum – vorne Museum« – ein Spruch, der heute eher den Absender bloßstellt, aber dennoch sicher von keiner Frau provoziert werden möchte. Dass dieser Gemeinplatz selbst mittlerweile veraltet ist, beweist schon das Wort Lyzeum. Und doch – es gibt sie, die Mauern in unseren Köpfen. Fragen wie »Kann ich das noch tragen in meinem Alter?« oder »Bin ich dafür nicht schon zu alt?« zeugen davon. Welche Antworten erhofft werden, liegt auf der Hand. Aber warum existieren diese Unsicherheiten noch? Gibt es bei unserer demografischen Entwicklung tatsächlich eine Berechtigung für Einschränkungen? Ist nicht erlaubt, was gefällt?! Ganz so weit sind wir noch nicht. Denn mitunter sind auch wir Frauen diejenigen, die intolerant gegenüber wagemutigen älteren Semestern reagieren. Warum das so ist? Eine wirklich gute Frage.

Mode und Alter – ein längst überholtes Thema?

Forschte man nach, woher der Anspruch an eine sogenannte Angemessenheit kommt, erhielte man wahrscheinlich die Antwort, dass es ehrlicher sei, altersgerecht aufzutreten. Aber was ist denn eigentlich altersgerecht? Heißt das, eine Frau über sechzig sollte keine »abgerockte« Jeans mehr tragen? Spätestens ab siebzig auf ein Dekolleté verzichten und sich ab achtzig möglichst gar nicht mehr aus dem Hause trauen? Bitte nicht! Das wären Restriktionen für Menschen mit Lebenserfahrung, für Frauen, denen – wenn ich für mich spreche – ich in vielen Bereichen Freiheiten zu verdanken habe, die ich mittlerweile als ganz selbstverständlich erachte. Ich glaube, das möchte niemand aufrechterhalten. Zumal wir ja selbst auch eines Tages oder schon sehr bald davon betroffen wären … Wer jetzt darauf verweist, dass die ältere Generation selbst diese Einschränkungen aufgestellt hat, dem stimme ich nur bedingt zu. Denn es war eher so, dass Frauen mit zunehmendem Alter davon abgesehen haben, ihre Möglichkeiten auszuschöpfen. Der Funktionalität ihrer Garderobe musste – häufig auch wegen der Kindererziehung – eine größere Bedeutung beigemessen werden als der Optik. Darüber hinaus gab es natürlich Frauen, die sich mit der modischen Zurückhaltung gut arrangieren konnten und sich mitunter sogar sicherer in ihrer Unauffälligkeit fühlten. Zu viel Freizügigkeit beispielsweise wurde in der Vergangenheit gern mit

Lasterhaftigkeit oder Triebhaftigkeit gleichgesetzt – und war dieser Stempel einmal aufgedrückt, wurde frau ihn nicht so leicht wieder los.

Trotzdem: Die Entwicklung der generationenübergreifenden »Zwanglosigkeit« in der Mode der vergangenen Epoche ist phänomenal, beinahe revolutionär. Coco Chanel setzte den Grundstein für mehr Lässigkeit! Die lang unterdrückten persönlichen Bedürfnisse der Frau – Unabhängigkeit und Spaß an einem aktiven Lebensstil – erhielten bei ihren Entwürfen Priorität: Sie entwarf Hosen für die Lady und verzichtete in ihren Kollektionen auf das Korsett – damals ein Skandal!

1962 schenkte uns Mary Quant den Minirock. Eine kleine Rebellion gegen die Anpassung. Sie selbst war damals 28 Jahre alt – wohlgemerkt ein Alter, in dem man die Frauen ihrer Zeit häufig schon nicht mehr als gebärfreudig ansah und als sexy schon gar nicht.

Selbstbewusst und sinnlich – Sharon Stone, Jahrgang 1958.

Heute bewundern wir über achtzigjährige Topmodels wie Carmen Dell'Orefice auf den internationalen Laufstegen. Und sie befindet sich in bester Gesellschaft. Was zunächst vielleicht als reine Effekthascherei oder als Maßnahme zur Erhöhung der Aufmerksamkeit lanciert wurde, ist heute Anspruch. Designer werten ihre Kollektionen mit modischer Kleidung für Frauen in den besten Jahren auf. Dass nur Jugend begehrt ist, wird längst zum Mythos erklärt und schon dadurch widerlegt, dass es viele gut laufende Best-Ager-Modelagenturen gibt. Doch damit nicht genug. Denn selbst die »klassischen« Modelagenturen vervollständigen ihr »Angebot« mit den Damen dieser Liga.

Man hat erkannt, dass Frauen der Generation »Ü 50« heute deutlich jünger aussehen als vor dreißig Jahren und mehr. Dank Sport, guter Pflege und einer gesunden Lebensführung werden Damen dieser Altersstufe unverkennbar agiler wahrgenommen. Man sieht ihnen an, dass sie mit sich im Reinen sind, »angekommen« sind und sich nichts mehr beweisen müssen. Stars wie Iris Berben, Diane Lane, Glenn Close, Andie MacDowell oder Sharon Stone strahlen pure

Sinnlichkeit aus. Sie liefern den besten Beweis dafür, dass es keinen Grund gibt, sich ab einem gewissen Alter zurückzuhalten. Im Gegenteil. Die Rockröhre Tina Turner ziert im April 2013 mit stolzen 73 Jahren das Cover der VOGUE. Der treffende Kommentar lautete: »Simply the best!« Bereits im September – dem wichtigsten Modemonat des Jahres – folgt ihr Lauren Hutton. Mit 69 Jahren ist sie das Titelbild der ELLE. Klasse-Frauen mit Format ziehen nicht zuletzt durch ihre Entspanntheit in den Bann. Die Grandezza einer Catherine Deneuve (Foto) scheint mit zunehmendem Alter gar zu wachsen.

Nach und nach scheint sich der Rahmen dessen, was als »begehrenswert« empfunden wird, zu weiten. Selbst in Hollywood findet ein Umdenken und Umbesetzen statt. In den Serienformaten »Sex and the City« und »Desperate Housewives« hätte man auch auf Schauspieler Mitte zwanzig setzen können – man engagierte jedoch Ladys über dreißig, obwohl die Serienthemen, Mode und Lifestyle, gern mit Jugend assoziiert werden. Doch der Erfolg gab ihnen recht, und so etabliert sich ganz allmählich ein neues Selbstverständnis: Nämlich, dass Fünfzig das neue Dreißig ist. Also Jugendkult, ade? Wahrscheinlich doch niemals so ganz. Aber ein Riesenschritt ist gemacht. Und das Wichtigste – eine neue Lässigkeit geht mit dieser Entwicklung einher. In unseren Köpfen ist verankert, dass eine Frau in den 30ern jung ist und eine in den 50ern noch nicht alt. Es war definitiv einmal anders.

»Man ist so alt, wie man sich fühlt.« Dieser Spruch provoziert unweigerlich die Frage: »Und wie alt fühlen Sie sich?« Männer wie Frauen nennen hier in der Regel ein Alter, das fünf bis 15 Jahre unter dem kalendarischen liegt. Warum soll sich da nicht auch die Mode anpassen?! Das schöne Extra: Es ist gleichzeitig ein Rückkopplungseffekt gegeben. Ein sportiver Look mit einer lässig-eleganten Note kann optisch stark verjüngen – insbesondere, wenn man zuvor dem anderen Extrem entsprochen hat. Lächerlich soll es dennoch nicht wirken. Aber was genau wirkt eigentlich lächerlich? Womit läuft frau Gefahr, blamiert zu sein?

Dass heute für die gestandene Frau modisch mehr Freiheiten bestehen, ist eine Tatsache, die unweigerlich auch zu Verunsicherungen führt. Denn gerade weil der Rahmen sich geweitet hat, gibt es ein Bedürfnis nach Fehlervermeidung und einem harmonischen Wohlfühllook. Ein luftiges Kleidchen mit Booties sieht an einem zarten Mädchen meist stimmiger aus als an einer Frau, die die Leistung vollbracht hat, drei Kinder zur Welt zu bringen. Und umgekehrt verführt das edle Wickelkleid – im Stil von Diane von Furstenberg – an einer kurvigen Erwachsenen eher als an einem schlaksigen 19-jährigen Mädchentyp.

Alters- und

Kluge Anregungen für klare modische Ausrichtungen, die Kombinationsmöglichkeiten zulassen, sind gefragter denn je. Ein Outfit, das eine verjüngende Wirkung hat, aber nicht aussieht, als hätte man den Kleiderschrank der eigenen Tochter geplündert – das wünschen sich viele meiner Klientinnen. Und warum auch nicht? Es gibt für jedes Alter einen einzig(artigen) Look. Der für Ü 50 ist garantiert nicht konsequent klassisch oder konservativ. Zahlreiche Ideen, wie Sie – auch anlassorientiert – mit modischer Raffinesse spielend leicht wandelbar werden und Ihrem gefühlten Alter näherkommen, finden Sie im Folgenden:

Laufsteglooks, die sich gut adaptieren lassen.

Alterslose Mode, vom Einzelhandel lässig in Szene gesetzt.

zeitlose Mode

Der farbintensive sportive Style.

Der sommerliche »Age-Crossing-Style« feminin inszeniert.

Verspielt und sexy: Die Kombination aus Pünktchen in Verbindung mit Rot bietet Spannung.

Klassische Looks profitieren von intensiven Farben und Statement-Accessoires.

Ein kleiner Exkurs: Torschlusspanik

Ein Wort, das ganz allmählich aus unserem Wortschatz verschwindet. Und ich wage die Prognose, dass die Generation, die jetzt geboren wird, selbst mit den Synonymen wenig anfangen kann. Wir Frauen sind entspannter geworden und genießen es, unser Leben zu gestalten. Uns nicht über den Partner zu definieren, sondern über das, was wir leisten und als Ziel anvisieren. Auch in unseren Liebesbeziehungen trotzen wir zunehmend einem veralteten Rollendenken. Der Mann muss nicht mehr als Ernährer den Altersvorsprung zur Frau aufweisen und damit unnötigem Druck ausgesetzt sein. Ob man eine deutlich ältere Frau mit jüngerem Liebhaber als Puma belächelt oder anerkennend Respekt zollt, hängt von

Sportive Eleganz für einen Look, den man vielseitig abwandeln kann – dank guter Basics.

unserer Einstellung ab. Extreme, sowohl in unseren Beziehungen als auch in unserer modischen Ausrichtung, gab es immer und wird es hoffentlich immer geben, denn zuweilen legen sie das Fundament für ein anderes Selbstverständnis und neue, positive Entwicklungen. Mehr Toleranz bedeutet in diesem Zusammenhang mehr Chancen und mehr Freiheiten für ein ungezwungenes Leben jenseits der was auch immer – und darauf möchten wir uns sicher alle freuen!

»Be a girl with a mind, a woman with attitude and a lady with class« (Verfasser unbekannt). Besser kann man es kaum ausdrücken – lediglich hinzufügen: »Be always yourself.«

Stilikonen im Wandel der Zeit

Was macht eine Stilikone aus? Sie bietet Orientierung, Inspiration und gelegentlich Verwirrung. Mode wurde immer schon stark durch Stilikonen geprägt – und die Stilikonen selbst sind mitunter nur dank bestimmter Moden entstanden. Die Beziehung zwischen einer Mode und einer Stilikone steht gelegentlich in einer Korrelation und kann sich wechselseitig befruchten. In der heutigen, sehr schnelllebigen Zeit wechseln die Stilikonen ähnlich rasant wie die Trends. Die Medien kreieren Stilvorbilder, die »gehypt« und fallen gelassen werden. Von Sarah Jessica Parker beispielsweise wusste man vor »Sex and the City« nur wenig – dank der Assoziationen mit ihrer Serienfigur avancierte sie quasi über Nacht zur Stilikone – und füllte diese Rolle auch privat mit Leben aus. Ungebrochen daher die Faszination an allem, was sie umgibt. Eine Stilikone kann sich dennoch stark vom gängigen Schönheitsideal unterscheiden, da sie weniger durch ihre Attraktivität, sondern eher durch das Selbstverständnis und Selbstbewusstsein, mit dem sie sich zu ihrem ganz persönlichen Stil bekennt, überzeugt. Selbst die konsequente Abkehr vom Mode-Diktat, mit dem man nicht dem Mainstream entspricht, erzeugt diese Begeisterung und daraus resultierend den Wunsch, ähnlich zu wirken. Ein spannender Multikulti-Einfluss, die clevere Selbstinszenierung einer ungewöhnlichen Mode-Philosophie oder die professionelle Vermarktung als Medienpersönlichkeit führen mitunter auch dazu, dass man als Stilikone wahrgenommen wird. Das gesteigerte Interesse an diesen Idolen hat zur Folge, dass gleich mehrere Stilikonen kongenial nebeneinander existieren können.

MARLENE DIETRICH

(27.12.1901–6.5.1992) Rauchig die Stimme – markant das Auftreten. In Korsage, Strapsen und Zylinder sang sie einst »Ich bin von Kopf bis Fuß auf Liebe eingestellt« und wurde zur Berühmtheit. Als Femme fatale »Lola Lola« in »Der blaue Engel« gelang Marlene Dietrich der Durchbruch als Leinwandgröße.

Selten gesteht man einer Frau zu, charismatisch zu sein. Bei Marlene Dietrich, unserem ersten Hollywoodexport, besteht jedoch kein Zweifel: Sie hatte mehr als nur »das gewisse Etwas«. Sie hatte den Mut, konträr zum gängigen Schönheitsideal der Dreißigerjahre – das weiblich und lasziv war – ihre maskuline Seite zum Alleinstellungsmerkmal auszugestalten.

Lieb und adrett – so das Frauenbild der Dreißiger- und Vierzigerjahre.

Mondän inszenierte sie den Dandy-Look für sich auf der Bühne und trug auch privat gern Smoking, Krawatte und Hut. Ihre Anziehungskraft beruhte sicherlich auch auf der Tatsache, dass sie sich als Frau nicht arrangierte. Zum Beispiel küsste sie in dem Film »Marokko« als Mann getarnt eine Frau. Ein Affront? Wahrscheinlich. Doch sie wurde durch dieses kühne Unterfangen zu einem Idol der Frauen- und Homosexuellenbewegung. Marlene Dietrich leistete zudem einen nicht unerheblichen Beitrag zu einem neuen Rollenverständnis. Nicht zuletzt, indem sie selbstbestimmt und sehr couragiert zu Beginn des Zweiten Weltkrieges 1939 ihre deutsche Staatsbürgerschaft ablegte und die amerikanische wählte. Sie sprach sich gegen die Nationalsozialisten aus und ließ sich bewusst mit amerikanischen Soldatinnen, den Women Army Corps, fotografieren. Bei vielen Deutschen galt sie damit als Vaterlandsverräterin. Unweigerlich fragt man sich, mit welcher Motivation sie ihre waghalsigen Entscheidungen traf: Ob sie konkrete Ziele verfolgte und Zeichen setzen wollte oder ob sie mit Kalkül ihre internationale Karriere vorantrieb. Sicher ist, sie ging Risiken ein. Denn welche Frau leistete es sich damals schon, so zu polarisieren?

»Du bist so schön, dass sie von Dir drei Meter große Passfotos machen sollten. Was willst Du erreichen? Jedermanns Herz brechen für einen Zehner? Meines kannst Du für einen Fünfer brechen – und ich bringe ihn sogar noch mit.« Ernest Hemingway an »My beloved Kraut« Marlene Dietrich.

Marlene lebt fort.

Die Marlene-Hose hat bis heute einen Ehrenplatz im kollektiven Gedächtnis der Modeinfizierten.

In den Fünfzigerjahren vollzog Marlene Dietrich einen markanten Stilwandel. Dem Zeitgeist entsprechend durfte es modisch endlich wieder opulenter werden – und die Bühne liebte sie mit Allüren in edlen Gewändern. Als Sängerin trug sie luxuriöse, aufwendige Roben und lebte ihre divenhafte Seite aus.

Nicht zuletzt wegen der Marlene Dietrich stets umgebenden Aura der Unnahbarkeit empfand man natürlich auch diese Gratwanderung als faszinierend. Außerdem sorgte die vielseitige Künstlerin auf diese Weise für Gesprächsstoff, und der war auch ihrer Karriere zuträglich – selbst wenn er bisweilen makaber war: Dass sie für einen Mantel mit einer drei Meter langen Schleppe aus Schwanenfedern angeblich 3.000 dieser edlen Geschöpfe opfern ließ – der Dietrich verzieh man es nur allzu gern. Petitessen eben …

Nachahmenswert: Ihre Eigenwilligkeit – ihr Mut zum Statement.

MARILYN MONROE

(1.6.1926 – 5.8.1962) »Ich weiß nicht, wer die hohen Absätze erfand, aber die Frauen verdanken ihm viel.« Gerüchten zufolge ließ sie sich stets einen halben Zentimeter vom rechten Absatz entfernen, um ihrem verführerischen Gang die unverwechselbar smoothig-wackelnde Note zu verleihen. Marilyn Monroe, geb. Norma Jeane Mortenson, galt als Inbegriff der Sinnlichkeit! Keine spielte ihre weiblichen Reize so keck, so frivol aus wie sie. Mit heißen Kurven und einem Hauch Naivität brachte Marilyn die Männer reihenweise um den Verstand. Als wandelnder Widerspruch zum züchtig zugeknöpften, überaus adretten Frauentyp der Fünfzigerjahre bot sie willkommene Abwechslung – und schien es zu genießen!

Selbst die 1952 unfreiwillig veröffentlichten Nacktaufnahmen für einen Kalender, die einen Skandal auslösten, nahm sie gelassen. Auf die Frage eines Reporters, ob Marilyn wirklich nichts anhatte, antwortete sie kokett: »Doch! Das Radio!« und wurde so zum Sexsymbol ihrer Zeit. Unvergessen spaßig auch die Szene aus »Das verflixte 7. Jahr« im weißen Neckholderkleid, in der sie, über einem Lüftungsschacht stehend, lustvoll ihren Rock wehen ließ.

Für ihren Erfolg zahlte die Blondine allerdings einen hohen Preis. Schönheitsoperationen an Nase und Kinn, Depressionen, Tablettensucht, drei gescheiterte Ehen mit nur 36 Jahren – und schließlich der tragische, bis heute ungeklärte Tod. All das zählt ebenso zum Mythos Marilyn.

Nachahmenswert: Die Eigenart, wie sie ihre Kleider trug! Marilyn Monroe vermittelte stets Unbekümmertheit – selbst die gewagtesten Kleider konnten an ihr nicht anstößig oder vulgär wirken, weil sie sich wohl in ihrer Weiblichkeit fühlte. Blonde, sanfte Wellen, ein roter Kussmund und ein markant platzierter Schönheitsfleck wurden zu ihren persönlichen Markenzeichen. Auch heute noch kopieren Frauen ihren neckisch-lasziven Stil.

AUDREY HEPBURN

(4.5.1929–20.1.1993) »Das Mädchen wird den Busen noch völlig aus der Mode bringen.« Zu dieser Prognose ließ Billy Wilder sich einst hinreißen. Denn Audrey Hepburn, die zerbrechliche Schönheit mit den unschuldigen Rehaugen, verkörperte tatsächlich ein neues

Lebenslust pur – Marilyn Monroe.

Stay classy!

Schönheitsideal. Mit ihrer Zartheit rührte sie und war dennoch in der Lage, energisch und resolut aufzutreten. Ihren Facettenreichtum bewies sie in vielen Filmen: »Charade«, »My Fair Lady« und »Warte, bis es dunkel ist« – um nur einige zu nennen. Sie verzauberte Frauen wie Männer gleichermaßen als Holly Golightly in »Frühstück bei Tiffany«. Unvergleichbar modern setzte sie hier sowohl die verletzlichen als auch die abgebrühten Seiten ihrer Figur um. Ob ihr bewusst war, welchen Anteil sie an einem neuen Selbstvertrauen der Frauen hatte, lässt sich heute nur erahnen. Ihr Look – der verlängerte Lidstrich, die Hochsteckfrisur, das schlichte Etuikleid – war für die damalige Zeit herrlich unaufgeregt. Bis heute bleibt sie für Generationen – insbesondere von Frauen – eine unübertroffene Stilikone.

Nachahmenswert: Die mädchenhafte Note. Ihr Sinn für Understatement und damit subtile Verführung in Vollendung.

GRACE KELLY

(12.11.1929–14.9.1982) Sie hat ihrem Namen »Grace« alle Ehre gemacht. Anmutig, elegant, erhaben, aristokratisch – Grace Kelly könnte man als die Personifizierung dieser Wörter sehen. Einem Märchen gleich entwickelte sich ihr Leben: Ihr gelang eine beeindruckende und beispiellose Schauspielkarriere mit einer Oscar-Prämierung für ihre Rolle in dem Filmdrama »Ein Mädchen vom Lande«.

Märchenhaft schließlich auch ihre Hochzeit. 1956 heiratete Grace Kelly den Fürsten von Monaco in einem Kleid aus Brüsseler Rosalinenspitze. Für ihr Stilbewusstsein und ihren Glamour liebte man sie über die Grenzen des Landes hinaus.

Trotz oder gerade wegen ihrer unnahbaren Attitüde berührte sie die Menschen: Grace Kelly.

Mit ihrer Präsenz verlieh sie dem Fürstentum neuen Glanz. Sie schenkte ihrem Mann, Fürst Rainier, drei Kinder.

Und als hätte Hollywood das Drehbuch eines großen Kinoklassikers geschrieben, endete auch das Leben der Fürstin. 1982 verstarb Grace Kelly an den Folgen eines tragischen Autounfalls. Sie kam in einer sogenannten Haarnadelkurve aus bis heute ungeklärten Gründen von der Straße ab und stürzte 40 Meter in die Tiefe.

Nachahmenswert: Ihre Gabe, Kleidung perfekt aufeinander abzustimmen. Für heutige Verhältnisse fast schon zu makellos. Denn Stilbruch hätte man bei der unterkühlt wirkenden Schönheit nie erlebt.

BRIGITTE BARDOT

(* 28.9.1934) Als französischer Schmollmund bezirzte sie die Massen – und davon insbesondere die mit einem hohen Testosteronspiegel. Keck und frivol lebte sie im Frankreich der Sechzigerjahre den Mythos der lasziven Lolita. Ihre Rolle im Film »Und immer lockt das Weib« schien Brigitte Bardot quasi als fleischgewordener Männertraum auf den Leib geschrieben zu sein und verhalf ihr zum internationalen Durchbruch. Mit ihrer wilden Mähne und mit den für französische Verhältnisse üppigen Rundungen war sie Verführung pur. Ihr Look war die verheißungsvolle Symbiose aus hippiemäßiger Lässigkeit und einer verspielt-maritimen Würze – sie prägte den Saint-Tropez-Style. Mit Gunter Sachs führte die kesse Blondine ein von Paparazzi verfolgtes Jetset-Leben. Très charmant vermittelte sie dabei Lebenslust à la francaise. Claudia Schiffer sah man Anfang der 1990er-Jahre als Reinkarnation der jungen Bardot an.

Nachahmenswert: Der Oh-là-là-Faktor, will meinen: Haare im Undone-Look, von der Sonne geküsst erscheinen, am Strand das Foulard nachlässig um die Hüfte geknotet, farbenfroher Bastschmuck als Gute-Laune-Statement.

Alain Delon und Brigitte Bardot – ein wahrhaft expressives Paar.

TWIGGY

(* 19.9.1949) Ihr Look: knabenhaft, klapperdürr mit puppenartig geschminkten Augen. Und damit absolut anders. Lesley Hornby alias Twiggy begründete einen radikalen Gegentrend zum gängigen

MADONNA

(* 16.8.1958) Das Chamäleon. Keine polarisiert wie sie. Seit mehr als einem Vierteljahrhundert gelingt es der als Madonna Louise Ciccone geborenen Exzentrikerin, sich im schnelllebigen Popbusiness ständig neu zu erfinden. Provokationen und Grenzüberschreitungen inklusive. Bewusst treibt sie dabei musikalische, ethische und sexuelle Geschmacksvorstellungen auf die Spitze. Als ewig Jugendliche sprengt sie jedoch den Rahmen dessen, was für viele erträglich ist. Man wünscht ihr weniger Verbissenheit und weniger Streben nach Perfektion.

Nachahmenswert: Ihre Wandlungsfähigkeit.

Frauen trennten sich! Sowohl ihre Haar- als auch Rocklängen mussten weichen, um im »Swinging London« mit Bubikopf, A-Linienkleidern und Op-Art-Mustern ein neues Selbstbewusstsein zu zelebrieren - wie Twiggy es vormachte.

archetypischen Schönheitsideal der frühen Sechziger. Angesagt waren bis dahin nämlich eher kurvenreiche Vollweibfrauen wie Sophia Loren und Elizabeth Taylor. Mit ihrer androgynen und dabei sehr kindlichen Aura wurde Twiggy zur echten Senkrechtstarterin im Modelolymp: Sie war das erste und das bestbezahlte Topmodel ihrer Zeit. Ihr nonkonformer Stil fand ungewöhnlich viele Nachahmerinnen.

Nachahmenswert: Dass Unangepasst manchmal spannender ist.

Die Queen of Pop at her best: Madonna!

Lady Gaga: »Wenn wir uns nicht für das einsetzen, woran wir glauben und nicht für unsere Rechte kämpfen, haben wir bald nicht mehr Rechte als das Fleisch auf unseren Knochen.«

LADY GAGA

(* 28.3.1986) Wo liegt die Schmerzgrenze? Schwindelerregend hohe Absätze, Kleider, die komplett aus Fleisch bestehen – es scheint nichts zu geben, was Lady Gaga, das Vermarktungstalent, abhalten könnte. Jeder Skandal scheint willkommen und sorgt zweifelsohne für Schlagzeilen. Obwohl ihr phänomenales musikalisches Talent außer Frage steht, wird die Selbstinszenierung ad absurdum getrieben. In ihrem Stil lässt sie sich nicht selten von Madonna inspirieren. Sozialkritisch ist die Mega-Performerin selbstverständlich auch. Auf ihrer Website ruft sie zur Body-Revolution auf und postet unretouchierte Bilder mit Hüftgold.

Nachahmenswert: Ihr Mut zur Hässlichkeit.

ALEXA CHUNG

(* 5.11.1983) Erfolgreich als Moderatorin, Model und Fashionista, genießt sie mittlerweile einen Kultstatus, der international anerkannt wird. Mit Charme, Talent und Stilbewusstsein bietet Alexa Chung alles, was eine moderne Stilikone braucht. Ihre Looks wirken wie vom Zufall gezaubert – und damit einfach unbeschreiblich zauberhaft.

Nachahmenswert: Dass auch das Subtile wirkt und »unangestrengt« eine Faszination erzeugt.

Alexa Chung: Wohltuend ungekünstelt.

»DIE MODE IST VIELLEICHT KEINE WAFFE DER FRAU, ABER SIE LIEFERT IHR WENIGSTENS DIE MUNITION.« BRIGITTE BARDOT

Style und Message

Der Rock: etwas kurz. Die Leoprint-Bluse: einen Knopf zu weit geöffnet. Die Silhouette: sehr körperbetont. Die Absätze: mindestens 10 Zentimeter.

Gelingt es Ihnen, sich diese Dame im Vorstand eines konservativen Unternehmens vorzustellen? Wenn ja, dann herzlichen Glückwunsch! Doch vollendet sich dieser Look mit einer wilden Mähne, rotem Lippenstift und einer rauchigen Stimme, fällt es wahrscheinlich auch vorurteilsfreiesten Menschen schwer, sich diese Dame ähnlich seriös wie eine klassisch gekleidete Frau vorzustellen. Sich von diesem Schubladendenken frei zu machen ist nicht leicht. Fest verankerte Klischees und Denkmuster vereinfachen einem schließlich die Einstufung einer Person – nicht selten beeinflusst diese Zuordnung dann sogar die Umgangsformen. Extrem gut gekleideten, gepflegten Menschen unterstellt man meist auch gute Manieren – dementsprechend verhält man sich diesen Personen gegenüber erfahrungsgemäß auch kultivierter.

Es gibt kaum einen Kleidungsstil ohne Botschaft. Ist man in neutralen Farben dezent gekleidet und insgesamt unspektakulär gestylt, drängt sich unwillkürlich das Bild der unscheinbaren grauen Maus auf, und der Rückschluss »einfältig, angepasst, langweilig« lässt sich kaum vermeiden. Wenn jemand ständig Kleidung trägt, die nicht richtig sitzt, unterstellt man dieser Person diese Nachlässigkeit auch in anderen Lebensbereichen. Schlimmstenfalls assoziiert man, die Person sei schlampig. Wenn jemand stets in seiner großen, vollgepackten Tasche kramen muss, lautet die Botschaft: unstrukturiert, chaotisch. Schuhe, in denen der Gang leidet, lassen auf eine unsichere Person schließen, der es an Selbstbewusstsein mangelt.

Kleidung kann für oder gegen uns arbeiten – und sie lässt sich, mit etwas Geschick, instrumentalisieren. Also den Spieß umdrehen! Dies bedeutet, den Look einzusetzen, um eine bestimmte Wirkung zu erzeugen – zur Verstärkung einer Botschaft, mit der man kongruent wahrgenommen wird. Die Voraussetzung für eine gelungene Mode-Instrumentalisierung ist die Fähigkeit zur richtigen Interpretation.

Über Bekleidung kommunizieren wir. Mit einem körperbetonten, freizügigen Look vermittelt man nicht unbedingt ein klassisch-seriöses Image – aber vielleicht ist das auch gar nicht angestrebt …

Looks für jede Gelegenheit

Mode ist die schönste Banalität der Welt. Sie unterliegt Strömungen und spiegelt den Zeitgeist wider. Sie will dazu verleiten, seine Launen auszuleben. Sie kann zur Macht und Maskierung dienen. Wer Mode jedoch als reines Diktat sieht und sich Trends unterwirft, der hat etwas falsch verstanden. Denn Mode ist eine »persönliche« Ausdrucksform, die nie bedeutungslos wahrgenommen wird – weil sie uns umgibt –, aber dennoch banal bleibt. Nicht mehr und nicht weniger.

Den meisten Frauen reicht es nicht aus, auf eine Rolle festgelegt zu sein – sowohl beruflich als auch privat. Und das darf auch durch den persönlichen Stil vermittelt werden. Um seinen Facettenreichtum auszuleben, muss glücklicherweise kein kompletter Imagewandel stattfinden. Unterschiedliche Anlässe verschaffen uns zudem Gelegenheiten, neue Looks zu testen. Das Gute: Der große Wirtschaftsfaktor Mode lebt von unserer »Flatterhaftigkeit« und dem Genuss an Verwandlung.

Neben dem individuellen Mehrwert, den man sich dank seiner Aufmachung verschafft, verspüren viele von uns außerdem einen Rückkopplungseffekt, der uns dazu veranlasst, anders zu agieren.

Ein Beispiel: Wer bei der Arbeit in einem jungen Team als spießig oder pedantisch eingeschätzt und ausgegrenzt wird, kann vom Vintage-Look profitieren. Der saloppe Kleidungsstil verleiht automatisch eine lässigere Attitüde und damit einhergehend einen subtilen Coolness- oder Gelassenheitsfaktor. Im Bedarfsfall bitte gut dosiert testen – zum Teenager zu mutieren hat noch niemandem geholfen …

DAS ERSTE DATE

Weniger Inszenierung ist meist mehr. Der natürliche und unangestrengte Look überfordert nicht und stellt Ihre Persönlichkeit in den Mittelpunkt. Als Ergänzung reichen ein Blazer und das Lieblingsaccessoire: die rosarote Brille.

Der »Young and restless«-Look zum Beispiel für die Komödie im Freiluftkino. So kann man seinem Stil treu bleiben und sich von seiner besten Seite zeigen.

EIN GESCHÄFTLICHER TERMIN

Zeitlose Eleganz – Kleider, die eine Typaufwertung bewirken können.

Klassischer Chic mit Blazer für das seriöse Business.

Mit Lederjacke entsteht ein tougher Look für das Business Casual.

OCCASION-CROSSING-STYLE

Wie bei den zuvor dargestellten Businesskombinationen gilt: ein Look, der für viele Gelegenheiten »funktioniert«. Er benötigt nur wenige Accessoires und kann vielseitig abgewandelt werden. Mit Blazer wirkt man elegant, mit einer Lederjacke sophisticated.

Das elegante Sommerfest oder die edle Restauranteinladung zum Jahrestag.

Brokat adelt – allerdings trägt er durch seine Dreidimensionalität auf.

Die eigene standesamtliche Trauung oder eine Kindstaufe.

Der klassische Blazer ist immer eine gute Alternative zur Jacke oder zum Mantel und verleiht Format.

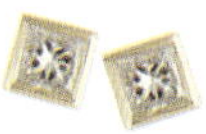

Die ausgelassene Party zum Geburtstag der besten Freundin oder ein Abend in der Cocktailbar.

Freche Accessoires ergänzen das Charleston-Kleid und stellen tolle Eyecatcher dar.

Der Besuch einer Vernissage.

Das Nappalederkleid benötigt einen matten Gegenpart – es sollte nur minimal mit Glattleder kombiniert werden.

Rustikaler Glamour für den Herbstspaziergang.

Vielseitig ist dieser modisch-sportive Look, der sich aus einem interessanten Materialmix zusammensetzt: Er eignet sich für einen Spaziergang auch bei ungemütlichen Temperaturen, den man in einem behaglichen Café beendet.

Ein stilvoller Stadtbummel.

Overdressed beim Stadtbummel – das muss nicht sein. Dennoch darf der Look eine gewisse Eleganz vermitteln, damit er auch für unerwartete Begegnungen und Begebenheiten oder spontane Planänderungen ein Wohlfühllook bleibt.

INVESTMENT-PIECES

Die Klassiker als Lookaufwerter: Camel, Marine, Wollweiß und Hellblau funktionieren für ein spontanes Style-Upgrade ähnlich zuverlässig wie hochwertige Materialien (Kaschmir-Flanell, Samt und Seide).

Das »Wie« entscheidet

Diva oder Mauerblümchen? Wirkung lässt sich gestalten und Wahrnehmung lenken. Es besteht eine Wahlfreiheit zwischen exaltiert oder besonnen, mädchenhaft oder cool, keck oder angepasst: Gebärde ich mich mit ausladenden Gesten, einer dynamischen Stimmmodulation und kernigen Formulierungen, wirke ich entsprechend energisch. Dieses jederzeit bewusst zu steuern und situativ anzupassen erscheint unnatürlich und widersinnig. Dennoch gibt es Situationen, in denen man nicht von vornherein auf ein bestimmtes Image festgelegt – und damit eingeschränkt – sein möchte. Anhand von Bekleidung lässt sich die Weiche in eine andere Richtung stellen. Mit der Art und der Überzeugung, mit der ich den Look präsentiere, erzeuge ich die Kongruenz, die erforderlich ist, damit der Style nicht wie eine Verkleidung wirkt. Trage ich klassische Teile eher punkig als brav, vielleicht auch mal unkoordiniert und kühn/sexy, nehme ich dem Look spürbar das Biedere. Möchte ich ein sehr auffälliges oder provokantes Outfit abmildern, hilft es auch hier, »inkonsequent« und damit konträr zur typischen Erwartungshaltung aufzutreten. Denn mit Understatement, wenig »Geklimper« durch irritierende Accessoires sowie einem dezenten Make-up und Styling, wird die Ausstrahlung geheimnisvoll statt aufreizend. So lässt sich durch das »Wie« eine andere Tendenz oder eine subtile Entschärfung der Wahrnehmung herbeiführen. Es sei denn, man möchte Verschärfung und setzt ganz bewusst auf Botschaftsverstärker – wie die kanadisch-britische Schauspielerin Kim Cattrall, die bekennt: »Männer mögen das Feuer entdeckt haben, aber Frauen haben entdeckt, wie man damit spielt.«

Obwohl die Farben zart sind, wirkt der Look durch die Inszenierung tough.

LOOKS, MIT DENEN MAN POWER VERMITTELT:

Unübertroffen für Frauen, die bisweilen unterschätzt werden: die Farbe Schwarz – insbesondere in der Lederkombination.

Im Business unschlagbar – Kleider mit Revers und Gürteltaillierung wirken dynamisch und feminin.

SPANX – der Liebestöter macht Karriere!

Mode als

Es gibt Kleidungsstücke, die mehr als nur simples Körperzonenbedecken leisten. Ein Beispiel: das Korsett. Dass Frauen sich über Jahrzehnte hinweg in ein Korsett zwangen, um die herausragenden weiblichen Geschlechtsmerkmale zu betonen, (und gesundheitliche Beeinträchtigungen aufgrund der schlechten Durchblutung akzeptierten), ist nur ein Indiz dafür, wie bereits frühere Generationen die Mode instrumentalisierten. Mit einer Wespentaille wirken die Brust und das Becken ausgeprägter – ergo die Frau fruchtbarer und gebärfreudiger.

Heute verwehren wir uns – Gott sei Dank – gegen ein derart ungesundes Mode-Diktat. Aber der Wunsch, Kurven zu betonen, ist natürlich auch weiterhin existent. Man denke nur an die revolutionäre Weiterentwicklung des Mieders. Zu Anfang dieses Jahrtausends war es noch als absoluter Liebestöter verschrien – etwas für Oma oder Postschwangere. In das klassische Miederhöschen wagte man sich nur heimlich für die ersten beiden Dates – quasi als Mittel zum Zweck. Dank der US-amerikanischen Shape-Underwear-Marke SPANX und ihrer ausgefeilten Marketingstrategie bekennen wir uns heute offen dazu, (Problem-)Zonen ins rechte Licht zu rücken bzw. zu quetschen. Wir fühlen uns »formvollendet« durch farbenfrohe Shape-Underwear, die es mittlerweile auch von anderen Herstellern gibt.

TIPP: Man bekommt nicht unbedingt mit, ob der Oberstoff »wandert«. Beispielsweise hat eine meiner Klientinnen während einer Präsentation eine unfreiwillige Showeinlage mit einem unbemerkt hochgerutschten Kleid geboten. Da das Obermaterial extrem eng war, ließ sich die Fixierung zum Unterkleid nicht aufrechterhalten. Daher empfehle ich: Testen Sie Ihre Kleidung vor wichtigen Terminen mit unterschiedlichen Bewegungen und nehmen Sie unbedingt einen Taschenspiegel mit – man kann ja nie wissen …

Subtiler Sex-Appeal – es funktioniert jedoch auch ohne Helfershelfer; hier einige Anregungen:

»Verbündete«

- Fester Bi-Stretch, wie Victoria Beckham ihn gern in ihren Kollektionen verwendet, formt die Silhouette.
- Oberteile, die unmittelbar unter dem Busen eng anliegen und Nähte unterhalb der Brust aufweisen, werten das Dekolleté auf.
- Positionierung und Breite des Gürtels, figurbetont oder figurumspielend, können auch einen wertvollen Beitrag leisten.
- Ein Spitzen-BH, der sich erahnen lässt.
- Eine Herren-Weste/ Korsage pur oder mit einem transparenten Top getragen.
- Ein Pencil-Skirt wirkt busy und sexy, weil er die weiblichen Konturen durch den schmalen Zulauf wunderbar nachzeichnet.
- Ein spitzer Schuh braucht keinen hohen Absatz.

Ein dezenter Look, der dennoch nicht zu »angepasst« wirkt: Die Kombination ist ziemlich freizügig. Durch ihren Chic vermittelt sie jedoch Klasse.

Der Look darf eine Signalwirkung haben – und soll dennoch nicht zu viel Aufmerksamkeit auf sich lenken. Ein Verzicht auf markante Accessoires ist in diesem Fall eine gute Entscheidung.

Looks für jede Gelegenheit, die zwei hartnäckige Extrakilos auf den Hüften gut zu überspielen vermögen: Beim Kleid sorgen die vertikalen Elemente für Ablenkung. Die schlanke Hosenkombination im leichten Lagenlook kaschiert die vermeintliche Problemzone.

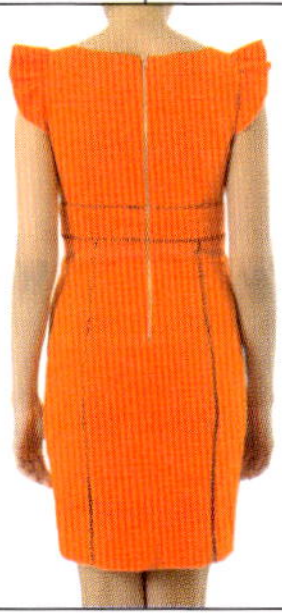

Absolute

Nein, mit sportiver Eleganz ist wirklich etwas anderes gemeint.

Ist das Outfit zu sehr abgestimmt, wirkt der Look einfallslos und steif – Jeans lockern auf.

Es gibt nicht mehr viele Einschränkungen: Rot lässt sich mit Orange mixen. Ein Schottenkaro freundet sich mit Pünktchen an. Und selbst der düstere Grunge-Look verträgt mittlerweile klassische Elemente zur Besänftigung. Dennoch bezeugt so manches Outfit den Wahrheitsgehalt des Ausspruchs der US-amerikanischen Countrysängerin, Songschreiberin und Schauspielerin Dolly Parton: »Es kostet eine Menge Geld, so billig auszusehen.«

Um sich vor dieser Misere zu schützen, ist es ratsam, folgende problematischen »Composings« zu vermeiden:

- von Kopf bis Fuß ein Label
- von Kopf bis Fuß mit Markenzeichen »zugepflastert«
- Mustermix, der das Auge überfordert (Ornamente, grafische Muster sowie markante florale Designs benötigen einen dezenten Gegenpart)
- übertriebenes »Colourblocking«, insbesondere mit Neonfarben

No-Gos

Für einen glänzenden Auftritt sollte man es mit den Metallic-Effekten dennoch nicht übertreiben.

Too much is too much: Statt der Overknee-Stiefel würden diesem kleinen Schwarzen filigrane Pumps schmeicheln.

- Fake-Materialien überdosiert (Pelz, Schmuck, Leder nur dezent einsetzen und möglichst elegant kombinieren)
- Imitat-Materialien mit echten Materialen desselben Grundstoffs mischen (führt zur Abwertung des Originalmaterials; Vorsicht bei sogenannten Waschlederprodukten: Hier erzeugt die Körperwärme bisweilen unangenehme Gerüche)
- sich überladen (markante Muster und Strukturen + massive aufgesetzte Taschen + glitzernde Applikationen + geräuschvolle Accessoires + voluminöse Frisur + intensives Parfüm = definitiv zu viel Ablenkung und Irritation)
- mehrere Statement-Teile gleichzeitig (dies stiftet Verwirrung – insbesondere wenn die Botschaften widersprüchlich sind)
- Die Annahme, dass Overknee-Stiefel die Kombination aus Bein und Dekolleté entschärfen. Das Gegenteil ist der Fall!

Die Figurtypenlehre

Studien berichten, dass Frauen im Schnitt 17 Jahre ihres Lebens damit verbringen, Diät zu halten. Die Anzahl der Jahre mit Frust aufgrund von Hunger, Resignation und Jo-Jo-Effekten lässt sich glücklicherweise nur erahnen.

Sicher ist jedoch, dass sich um den Körperkult ein boomender Markt entwickelt hat.

AHOVXY ist dabei nicht der Name einer neuen Wunderdiät, sondern nur die Aneinanderreihung von Buchstaben, die symbolisch den Körperformen einer Frau zugeordnet werden. Was das bringt? Erst einmal wenig. Zumindest, wenn man die einzelnen Buchstaben nicht in einem Bezug zum Idealtyp »X« setzt, der – wie der Buchstabe erahnen lässt – eine schlanke Taille sowie ein ausgewogenes Verhältnis zwischen Ober- und Unterkörper aufweist.

Die Körperformenanalyse ist somit die Voraussetzung zur individuellen Schnittführungs- und Designfestlegung der Bekleidung, mit der man das weibliche Figur-Ideal »X« anstrebt. Oder einfacher formuliert: mit der man cleveres Betonen der Vorzüge und geschicktes Kompensieren an Problemzonen ermöglicht – mit allen »legal« zur Verfügung stehenden Mitteln. Denn das Proportionen-Tuning hilft, sich angemessen mit Figurproblemen zu arrangieren.

Bekleidung dient dabei als subtiles, aber sehr effektives Ablenkungsmanöver.

1 **A-FRAUEN** Haben schmalere Schultern und im Verhältnis eine eher kleinere Oberweite. Der Unterkörper ist dagegen sehr kräftig. Mit der Betonung des Oberkörpers erzielt man eine ausgleichende Wirkung.

Der optimale Kleidungsstil:

- große Schals und Tücher
- ausladende (Pelz-)Kragen und Revers
- Oberteile mit Schulterpolstern, Epauletten oder Kapuzen
- Mantelkleider, ggf. im Empire-Stil mit fließendem Rock
- Modelle mit horizontalen Details am Oberteil

Die Kombination aus Lederweste und Schal lenkt hier mit lässiger Eleganz von der vermeintlichen Problemzone Hüfte ab.

- extravagante Rüschenblusen
- voluminöse Stickpullover
- quer gestreifte Oberteile
- aufwendige Blazer aus Samt oder Tweed
- doppelreihige Caban-Jacken, Daunenjacken, Pelzjacken
- mehrere Oberteile übereinander (kurze Jacke über langem, hüftnahem dunklem Shirt)
- der Gehrock – sofern Sie über 1,65 Meter sind
- schmale, dunkle Hosen und Röcke

Weniger vorteilhaft:
- Stauchendes, eine auftragende A-Linie
- dunkle, eng anliegende Rollkragenpullover
- helle Unterteile ohne längere Jacke
- Bundfalten und weit Ausgestelltes
- massive Gürtel (in der Bauch- oder Hüftregion)
- Applikationen und Verzierungen im Hüftbereich

Quintessenz: Hohe Taillen sowie kurze Oberteile harmonisieren die Hüft- und Beckenregion optisch und betonen die Brust. Je enger der Stoff unmittelbar unter dem Busen anliegt, desto üppiger das Dekolleté …

Wichtig: Bei körpernahen Röcken immer auf das Futter achten. Trägt zum Beispiel die Naht sehr auf, wirkt man kräftiger, als man tatsächlich ist.

Premium-Kombinationen: Biker-Lederjacke mit längerem T-Shirt und eng anliegender Hose kombinieren. Auch ein luxuriöser Grob-Zart-Mix zaubert eine besondere Note, beispielsweise ein langfaseriger Fellschal in Kombination mit edler Lingerie-Mode.

Tipp des Körpersprachenexperten: Achten Sie auf Ihre Oberkörperhaltung. A-Typen unterstellt man leicht, nicht durchsetzungsstark zu sein. Schultern zurück vermittelt Power.

2 H-FRAUEN Haben eher wenig Taille und eine insgesamt gerade Silhouette, bei der Ober- und Unterkörper ähnlich stark ausgeprägt sind. Mitunter werden H-Typen etwas burschikos wahrgenommen.

Der optimale Kleidungsstil:

- trapezförmige Oberteile mit deutlich betonten Schultern
- asymmetrische Ausschnitte, One-Shoulder-Tops
- Wickelkleider, Schößchenkleider, Korsagenkleider
- Kleider mit angedeuteter Taille oder horizontalen Einsätzen in der Körpermitte
- Korsage pur, mit Bluse oder transparentem Organza-Top, um die Taille zu formen
- taillierte Blazer und Westen
- kurze Kastenjacken, Capes zu schmalen Hosen und Röcken
- horizontale Muster (Querstreifen, Farbverlauf)
- kürzere Tulpen-Röcke, ausgestellte Miniröcke, Shorts
- Knöchelcut-Hosen (Capri- oder Zigarettenform), stark ausgestellte Hosen

Gut platzierte seitliche Farbeinsätze können optisch Kurven entstehen lassen und die Silhouette formen.

Weniger vorteilhaft:

- schlichte Schlauch-, Millefleurs- oder Etuikleider
- monotone Hosenanzüge fördern die androgyne Wirkung
- schmale, konforme Silhouetten
- doppelreihig geknöpfte Jacken und Blusen
- wenig Reiz oder Ablenkung für das Auge, Längsstreifen. Ein Verzicht auf Unterbrechungen bedeutet ein Verzicht auf Konturen. Der Körper wirkt knabenhafter.
- gerade geschnittene Bootcut-Hosen

Quintessenz: Häufig wird diesem Figurtyp von taillierter Kleidung abgeraten. Dies ist sehr schade – denn taillierte Oberteile oder Kleider aus einem festen Material erzeugen eine weibliche Silhouette.

Wichtig: Besonders wertvoll: Optische Brüche durch Farben schaffen. Akzentuieren durch Raffungen, diagonale Muster sowie Ornamentmuster. Drapierungen mit Gürteln, die als Eyecatcher dienen. Spannung herstellen durch Hell-Dunkel-Kontraste, Krempeln, leichte Schulterpolster, Mustermix, verspielte Details, feminine Accessoires, Stiefel etc.

Premium-Kombinationen: Leisten Sie sich rustikalen Glamour, um den Look zu veredeln! Derbe, grobmaschige Wollteile in Verbindung mit fließender Seide oder Spitze – das ist Verführung pur.

Tipp des Körpersprachenexperten: Im Allgemeinen würde ich nicht empfehlen, mit dem Po zu wackeln. Beim H-Typ würde ich jedoch dazu raten. Ihnen steht ein leichter Hüftschwung!

3 **O-FRAUEN** Sind insbesondere in der mittleren Körperregion kräftiger und können sich getrost als Vollweib titulieren. O-Typen haben häufig sensationelle Beine und ein beneidenswertes Dekolleté.

Der optimale Kleidungsstil:

- das Dekolleté betonen (z. B. mit einem Balconette-BH)
- mit tiefen V-Ausschnitten den Oberkörper strecken
- Kleider mit Längsnähten und vertikalen Details helfen, den Oberkörper zu strecken
- lässige Herrenhemden als Blazer-Alternative elegant inszenieren
- körpernahe Tuniken zu Leggings
- Pencil-Skirt-Kostüme (Blazer endet mit der Problemzone)
- Anzugwesten (Knopfleiste streckt)
- Blazer mit langen Revers
- Kombinationen – vertikaler Farbmix wirkt kaschierend
- schmale Lagenlooks zu Slim-Jeans
- der Gehrock – sofern Sie über 1,65 Meter sind
- schmale und/oder fließende Hosen bzw. Röcke

Weniger vorteilhaft:

- massive Schals und Tücher
- Oberteile mit Querstreifen, Samt, Tweed, Brokat etc.

- Pullover mit Bündchen, z. B. grobe Wollpullis
- Applikationen in der Körpermitte, die stark auftragen
- derbe groß gemusterte Stoffe
- voluminöse Jacken, Daunenjacken rufen schnell den Michelin-Männchen-Effekt hervor
- Hosen und Röcke mit Bundfalten, massiven Gesäßtaschen
- Faltenröcke, weit ausgestellte Unterteile

Quintessenz: Das Auge lenken und mit Accessoires das Körper-Highlight in den Fokus rücken. Setzen Sie auf raffinierte Details (vertikale Reißverschlüsse, Längsstreifen, Abnäher etc.). Bei den Special Effects trägt Spitze weniger auf als Lurex oder Brokat. Seien Sie mutig und tragen Sie eher Figur Umschmeichelndes statt formloser Kaftane (wer möchte schon Schwangerschaftsgerüchte provozieren?). Sollten die Oberschenkel und Arme schlanker sein, gibt es erst recht keinen Grund, sich zu verstecken. Vorteilhaft ist es, die Körpermitte schmal und dunkel zu halten. Auf Taille geschnittene Kleidung bitte nicht grundsätzlich meiden. Die raffinierte Andeutung einer hohen Taille setzt die Proportionen spannend in Szene und verlagert die Taille von der Mitte nach oben. Tragen Sie dabei statt weichem Jersey gut formendes Bi-Stretch – gern auch zu semitransparenten Blusen oder Kurzmänteln aus Chiffon. Mit Plateauabsätzen relativiert man komfortabel das Erscheinungsbild und schmälert die Silhouette.

Wichtig: Im Allgemeinen kaschieren Röcke die Bauchregion besser als Hosen. Verstärkte Strumpfhosen und natürlich Shape-Underwear wirken Wunder!

Premium-Kombinationen: Ein Look mit Leggings, einem trendigen Oversize-Blazer, High Heels und langen Gliederketten wirkt lässig-sophisticated.

Tipp des Körpersprachenexperten: Der O-Typ macht sich häufig unnötig klein und sackt gern mal in sich zusammen – dafür gibt es keinen Grund. Eine aufrechte Körperhaltung streckt die Silhouette und wirkt selbstbewusst.

Leicht ausgestellte Kleider kaschieren Pölsterchen in der mittleren Körperpartie. Ein schönes Dekolleté sollte unbedingt betont werden.

4 **V-FRAUEN UND Y-FRAUEN** Die Empfehlungen für V- sowie Y-Silhouetten ähneln sich stark und sind daher zu einer Rubrik zusammengefasst. V-Frauen haben einen kräftigen Oberkörper mit einem üppigen Busen. Häufig ist die Rückenpartie sehr breit, die Beine sind dagegen eher kurz und vergleichsweise schlank. Die Wahrnehmung der Silhouette ist ähnlich wie bei Y-Frauen.

Y-Frauen haben breite Schultern und sind oben herum sehr üppig, der Unterkörper ist mitunter unverhältnismäßig schmal und um ein bis zwei Konfektionsgrößen kleiner. Leider verstecken Frauen beider Figurtypen ihre weiblichen Rundungen häufig, weil es schwer ist, eine harmonische Linie zu kreieren.

Der optimale Kleidungsstil:

- ein herzförmiges Dekolleté
- Blusen und Tops mit vertikalen Mustern
- weich fließende, dunkle Oberteile
- kurze, schwingende Röcke und Kleider
- Röcke im Trapezstil, Petticoat
- helle und weite Hosen oder Röcke
- Kleidungsstücke mit Empire-Taille wirken beinverlängernd (Vorsicht beim Empire-Kleid! Hier entsteht die Weite an der kräftigen Stelle unmittelbar unter dem Busen. Dadurch kann der Oberkörper insgesamt sehr massiv und unförmig wirken.)

Weniger vorteilhaft:

- Schulterpolster, grobe Schals und Tücher
- U-Boot-Ausschnitte, Spaghettiträger-Tops
- Oberteile mit spitz zulaufenden, v-förmigen Mustern
- massive Oberteile mit Rüschen, markanten Taschen, Epauletten etc.
- Uniformstil
- ein weites Oberteil mit einer weiten Hose oder Rock zu kombinieren
- Lagenlook, steife Materialien

- Langfaser-Fell- oder Pelzjacken (sonst läuft man Gefahr, wie ein Yeti auszusehen)
- doppelreihig geknöpfte Jacken, Daunenjacken und -mäntel
- Knöchelcut-Hosen (Capri- oder Zigarettenform), dunkle Slim-Jeans und Leggings

Quintessenz: Jacken und Oberteile in A-Linie wirken ausgleichend. Körpernahe – jedoch nicht enge – Kleidung am Oberkörper harmonisiert die Silhouette. Als V-Typ sollten Sie unbedingt auf die Hosenlänge achten: Ist diese zu kurz, wirken Sie möglicherweise etwas gedrungen. Der Y-Typ verträgt Bundfalten, den Marlene-Stil und ausgestellte Röcke. Der Po und die schlanken Oberschenkel sollten unbedingt betont werden.

Harmonisierend für V- sowie Y-Frauen wirken weich fließende Oberteile und weit geschnittene Röcke – auch diese tulpenförmige Variante schafft einen guten Ausgleich.

Den Lässig-Chic immer mit fließenden Oberteilen in Szene setzen.

Wichtig: Pastelltöne nehmen die Dominanz.

Premium-Kombinationen: Ein hochgeschlossenes Babydoll-Kleid steht Ihnen besonders gut. Mittlerweile sind Kombinationen mit High Heels oder Biker-Stiefeln (gibt es inzwischen auch in eleganten Ausführungen) durchaus möglich: Ob mädchenhaft oder frech – entscheiden Sie selbst!

Tipp des Körpersprachenexperten: In die Hüften gestemmte Hände verstärken den Dominanz-Effekt – Ladys über 1,70 Meter Körpergröße profitieren besonders von geschmeidigen, körpernahen Gesten, die sie anmutiger wirken lassen.

5 **X-FRAUEN** Man bezeichnet diesen Figurtyp auch als Sanduhr-Typ. Der Körper ist sehr harmonisch ausgewogen, und die Taillenregion ist hier die schmalste Stelle. Als Idealtyp kann und sollte sich der X-Typ mit Schnitten und Stilen austoben. Weitere Empfehlungen erübrigen sich damit. Adieu, Tristesse!

Sich gekonnt

1 An der Problemzone matte, dunkle Stoffe tragen (z. B. Baumwolle oder Wolle).

2 Verzichten Sie auf Muster, Nähte, Applikationen oder Saumabschlüsse direkt an Problemzonen.

3 Vorsicht mit großflächigen Mustern oder Rüschen (man wirkt zu massiv).

4 Möglichst keine extrem groben und allzu steifen Stoffe tragen.

5 Nicht zu viele Lagen übereinander tragen – Proportionen sind sexy.

6 Ausgleich bzw. Ablenkung zu kräftigen Stellen schaffen, z. B. Hell-Dunkel-Kontrast.

7 Generell kaschieren Röcke die Po- und Bauchregion besser als Hosen.

8 Große Handtaschen relativieren das Bild und lassen die Silhouette schmaler wirken.

in Szene setzen

9 Enge Kleidung in festen Stoffen, weite Kleidung aus fließenden Materialien wählen.

10 Werten Sie schlichte Outfits durch markante Accessoires auf (z. B. Holzketten, Broschen).

11 Bei einer kleineren Oberweite wirken Oberteile, die direkt unterhalb des Busens einen Bund tragen bzw. eng anliegen, optisch vergrößernd.

12 Figurbetonte Kleider mit dunklen Seitenpartien erzeugen eine schmale, kurvige Silhouette.

13 Bei einem kräftigen Po sollten die Gesäßtaschen einer Hose nicht zu klein und weit auseinanderlaufend sein.

14 Ein flacher Po profitiert von Antifit-Schnitten und markanten Taschen – ungünstig sind weite Marlene-Hosen.

15 Bei kräftigen Oberschenkeln schmälern Bügelfalten, Längsstreifen oder -nähte das Bein. Vorteilhaft ist zudem ein lang geschnittenes und leicht ausgestelltes bzw. gerades Hosenbein. Auch ein lässig kombinierter Faltenrock kann geschickt von der Problemzone ablenken.

16 Um die Körpergröße nicht zu verringern, sollte man die Körperlinie nicht durch optische Unterbrechungen stören und möglichst Stauchendes oder stark Ausgestelltes meiden. Bei Farbkontrasten empfiehlt sich oben hell und unten dunkel.

17 Gönnen Sie sich schöne Schuhe mit Absätzen. Aber Vorsicht! Bei Stiefeln kann ein Schaft das Bein verkürzen – es sei denn, Sie tragen einen Stiefel, der unmittelbar unter dem Knie endet.

18 Lenken Sie die Blicke mit Applikationen, Accessoires oder Ziernähten auf Ihre Stärken.

19 Bevorzugt glänzendes oder strukturiertes Material wählen.

20 Nutzen Sie die Anziehungskraft von leuchtenden und hellen Farben.

Oprah Winfrey – ein Ausbund an Lebensfreude und für viele ein Vorbild. Egal, wie ausgeprägt die Kurven auch sind – Hauptsache, man fühlt sich wohl in seiner Haut!

Die starke Frau: Es gibt keinen Grund, sich zu verstecken!

Mode für Frauen mit Format ist ein Markt, der von Designern längst nicht mehr verschmäht wird. Dem Plus-Size-Typ steht mittlerweile ausgefallene und stilvolle Designermode in vielfältigster Auswahl zur Verfügung. Den besten Beweis dafür erbringt ausgerechnet Saks Fifth Avenue in New York. Denn das Edelkaufhaus ordert bei Labels wie CHANEL, DOLCE & GABBANA, YVES SAINT LAURENT, FENDI, DonnaKaran und Oscar de la Renta in sogenannten Übergrößen und präsentiert sie als Teil der Kollektionen. Selbst Roberto Cavalli, der Meister des provokant erotischen Looks, kreiert seit 2010 seinen verführerischen Modestil auch für die starke Frau. Doch üppigere Fashionistas finden heute ebenso bei günstigeren Filialisten ein modisches Sortiment, das weit entfernt vom berüchtigten Ein-Mann-Zelt ist. Also – egal, wie dick das Portemonnaie ist – mit Weiblichkeit »über dem Durchschnitt« kann man Eleganz, Frische und jede Menge Sex-Appeal ausstrahlen. Nur Mut!

VIELEN FRAUEN GEHT ES SO: DER KLEIDERSCHRANK IST VOLL – UND TROTZDEM HAT MAN NICHTS ANZUZIEHEN.

Best dressed

In jeder Lebenssituation gibt es unterschiedliche Anforderungen an die Garderobe. Eine Mutter hat naturgemäß häufig andere Ansprüche an ihr Outfit als eine Vollzeit-Karrierefrau. Verständlicherweise soll ihre Bekleidung funktionell, gut waschbar und strapazierfähig sein. Muss deshalb ihr Gesamtlook weniger modisch wirken? Die Antwort lautet ganz klar: Nein. Und wie verhält es sich bei einer berufstätigen Frau, die den Business-Dresscode »auferlegt« bekommt? Läuft sie Gefahr, in ihrer Freizeit langweilig und bieder zu wirken, wenn sie sich keine separate legere Garderobe zulegt? Auch hier lautet die Antwort ganz eindeutig: Nein. Zwangsläufig entsteht damit die Frage, wie eine Prävention gegen das modische Phänomen der grauen Maus bei limitiertem Budget, begrenzter Zeit und IKEA-Kleiderschrank-Ausmaßen gelingen soll. Die Antwort ist überraschend einfach und lautet schlicht und ergreifend: mit einem Plan. Denn es gibt eine Grundausstattung, die sowohl vielseitig einsetzbar als auch zeitlos ist und frau das Leben vereinfacht: Basics für das Wohlbefinden, facettenreiche Accessoires als Lookaufwerter und natürlich die heiß begehrten Must-haves für den Spaß an der Mode! Beruhigend ist diese Mindestausstattung außerdem, weil man gerüstet ist – für was oder wen auch immer …

Sehr häufig beinhaltet der Garderobenfundus schon viele dieser wertvollen Kleidungsstücke. Eine Inventur – gern auch mit der Unterstützung der besten Freundin – hilft, den Ergänzungsbedarf im Vorfeld des nächsten Shoppingausflugs besser einschätzen zu können. Nicht selten sieht man seinen Kleiderbestand nach einer Bestandsaufnahme mit ganz anderen Augen. Denn meist führt eine Inventur auch zu einer privaten Modenschau, aus der sich ungeahnte neue Kombinationsmöglichkeiten und Tauschoptionen ergeben.

*** Die Sternchen bei den nachfolgenden Items dienen der Orientierung und berücksichtigen neben Einsetzbarkeit und Signalcharakter auch die Wahrscheinlichkeit, ob die Kleidungsstücke die Saison überdauern. Bei diesen Teilen lohnt es sich besonders, auf Qualität und Optik zu setzen – und gegebenenfalls auch einen höheren Preis zu akzeptieren! Je mehr Sternchen die Basics aufweisen, umso wichtiger sind sie.

Shoppen macht glücklich! Ein System im Kleiderschrank trägt dazu bei, dass dieses Gefühl möglichst lange anhält.

Sinnvolle Basics

Sogenannte gute Basics sind für jede Garderobe lohnende Investitionen. Sie bilden das Fundament für einen harmonischen Gesamteindruck. Sie müssen nicht zwingend schlicht und neutral sein. Ganz im Gegenteil. Der klassisch geschnittene Blazer darf gern eine effektvolle Farbe haben und das puristische Kleid einen raffinierten Schnitt aufweisen. Extrem ausgefallen sollten Basics jedoch nicht sein, damit man sie gut kombinieren und vielseitig einsetzen kann. Dafür gibt es schließlich Accessoires. Sie besitzen einen Signalcharakter, den man sich zunutze machen kann, um den Look spannender und abwechslungsreicher zu gestalten.

DER KASCHMIRPULLI Behaglicher und kuscheliger kann sich Luxus nicht anfühlen. Ihn gönnt man sich am besten in jeder Lieblingsfarbe einmal – und wenn möglich, in unterschiedlichsten Varianten. Mit Rundhals- oder V-Ausschnitt für den klassischen Look. Grobmaschig und lässig für den Casual-Style. Denn mit einem Kaschmirpulli hat man unendliche Kombinationsmöglichkeiten und offenbart Stilbewusstsein. Gewonnen wird das geschmeidige Garn der zotteligen Ziege aus ihrem feinen, weichen Flaumhaar. Besonders die mehrfädigen Kaschmirqualitäten ab 150 Euro bereiten uns lange Freude. Unaufgeregt edel sind auch die Sommermischungen mit einem Seidenanteil. Der Kaschmirpulli bleibt einfach unübertroffen – ob man ihn sich selbst schenkt oder andere damit glücklich macht. ***

In der übergroßen Variante ist der Kaschmirpulli ein wunderbarer Kleiderersatz …

DER BLAZER Er ist mehr als nur eine angenehme Begleiterscheinung! Mit einem Blazer ist man in beinahe jeder Lebenslage »best dressed«. Er geht immer, stiehlt nie die Show, kann sich unterordnen oder auch dominieren. Eng und figurbetont mit wenig drunter, verleiht er subtilen Sex-Appeal (Schößchen-Variante). Zur Jeans wirkt ein Blazer (Ärmel krempeln und mit einem längeren Shirt drunter) lässig und dennoch gepflegt. Mit Pencil-Skirt oder schmaler Hose kombiniert, perfektioniert er den Businesslook. Auch als Jackenersatz dient er selbstverständlich gern und verschafft seiner Trägerin – insbesondere im Oversize-Style – eine sympathische Nonchalance. Drei Grundfarben sollten es sein, wie beispielsweise Blau und Camel als Ganzjahres-Varianten und die Highlight-Farbe Rot für die besonderen Anlässe oder auch den dramatischen Auftritt. ***

Lässig oder elegant – alles eine Frage der Inszenierung.

DIE JEANS Hat man sich erst einmal durch den Dschungel der unzähligen Marken, Formen, Waschungen und Größen durchgekämpft und endlich seine absolute Lieblingsjeans gefunden, will man sich nie mehr von ihr trennen. Nicht selten überdauert die Jeans auch den einen oder anderen Geliebten … Warum sich also davon trennen? Ein etabliertes Modell macht sich im Vintage-Style eh am besten. Mit den Farben Blau, Schwarz und Weiß ist man bestens gerüstet. Mehr ist jedoch mehr. Denn in vielen Branchen ist die ehemalige »Arbeiterhose« auch im Büro schon gern gesehen. Egal, ob beinverlängernde Röhre oder eine Antifit-Version für den Knack-Po. Egal, ob man es klassisch oder progressiv liebt. Egal, ob man zwanzig ist oder achtzig: Mit einer Jeans stimmen der Look und das Feeling! ****

Poppy Delevingne in einer Slim-Fit-Jeans, die im Vergleich zur Skinny im Waden- und Knöchelbereich etwas weiter ist.

Röhre

Unverzichtbar: Die Skinny-Jeans in unterschiedlichen Farben, weil sie sich als Silhouetten-Schmeichlerin einen Ehrenplatz im Kleiderschrank verdient hat.

Bootcut

DIE BLUSE Seien Sie unbesorgt: Nun folgt kein Plädoyer für die Spießigkeit! Mit der Bluse verhält es sich ähnlich wie mit »dressierten« Vorgärten. Für die einen ist sie der Inbegriff dezenter Eleganz – für die anderen der absolute Biedermann-Albtraum.

Nicht von der Hand zu weisen ist, dass eine Bluse etwas für uns leistet. Eine Lookaufwertung, ohne wie im Anzug »konfektioniert-verpackt« zu wirken, gelingt in einer Bluse relativ unkompliziert. Denn um in diesem Kleidungsstück ungepflegt auszusehen, muss man fast schon Hygienestandards verletzen!

Bei Jean Paul GAULTIER wirkt auch ein braves Blütenmuster ungezähmt.

Natürlich möchte man nicht wie eine Klosterschülerin aussehen … Aber keine Sorge: Blusen mit Elasthananteil beugen diesem Schicksal vor – sie sollten körpernah sitzen. Eine Gefahr, bieder oder spießig zu wirken, besteht nur, wenn man bei der klassischen Version den Gegenpart vernachlässigt. Kombinieren Sie also den »Clean Chic« am besten modisch/sportiv oder rockig als Stilbruch, beispielsweise zur Jeans mit Nietengürtel. Ihre persönliche Wirkung in der Bluse wird zudem stark von der Trageweise beeinflusst: Eine lässige Wirkung erzielen Blusen, die halb in die Hose gesteckt, an den Ärmeln hochgekrempelt und halsfern getragen werden. Zugeknöpfte, zurechtgezupfte und zum Gesamtoutfit arg abgestimmte Blusen vermitteln einen angepassten Eindruck.

In kragenlosen Formen aus fließenden Materialien wirkt man besonders entspannt. In gestärkten, ausgearbeiteten Varianten erscheint man strenger und mehr »busy«.

Ob fließende Seide in leuchtenden Farben, kühle Baumwolle im Herrenhemden-Stil mit dezentem Muster oder eine Mikrofaser mit wildem Animal-Print: Eine Bluse kann ein Highlight sein – muss aber nicht. Sicher ist nur, dass dieses Bekleidungsstück Sie in den Mittelpunkt stellt. Da die Bluse selten modisch riskant ist, empfehle ich, auf fünf ausgefallene Varianten zu setzen: Zwei farbintensive Blusen aus Seide, zwei klassische Modelle mit raffinierten Details und eine gemusterte Variante bringen Abwechslung in den Kleiderschrank. Schauen Sie sich dazu auch das Kapitel »Die wichtigsten Dresscodes« an. ***

DIE LEDERJACKE Ähnlich unverzichtbar wie eine Jeansjacke, um der Konformität zu entfliehen. In der Biker-Variante verleiht die Lederjacke dem edlen Outfit eine wunderbar rockige Note. Als Outdoorjacke aus Lammfell spendet sie wohlige Wärme. Mit etwas Patina zaubert sie einen lässigen Vintage-Look.

Weiches Lammnappa schmiegt sich an wie eine zweite Haut und schmeichelt der Trägerin ungemein. Wichtig ist der Sitz der Schulterpartie – steife, kastige Formen wirken schnell maskulin. Gut konfektioniert, ersetzt die Lederjacke sogar den Blazer im Business Casual. ***

Keine falsche Bescheidenheit! Ein Lederkleid, -rock oder auch eine Lederhose kann über Jahre hinweg ein Highlight in Ihrem Kleiderschrank sein. Komplettlooks in Leder (insbesondere in Schwarz oder Rot) sollten eher Rockstars vorbehalten bleiben.

DAS BASIC-SHIRT Mit einer Auswahl an unspektakulären Teilen lebt es sich besser. Basic-Shirts ordnen sich unter, passen sich an und sorgen dafür, dass ein Look nicht überfrachtet wirkt. Sie sind superpraktisch und superbequem – aber daraus lässt sich eine Gefahr ableiten, nämlich dass man zu häufig auf Komfort setzt. Varianten mit Streifen, Applikationen oder fantasievollen Mustern bereichern die Garderobe ebenso wie Männer-Unterzieh-Shirts oder geborgte Aufdruck-Shirts der Tochter. Beweisen Sie »Basic Instinct« und wählen Sie das Basic-Shirt dem Farbtyp entsprechend. ***

Es geht drunter und drüber: Die Kombinationsmöglichkeiten einer Strickjacke sind unerschöpflich.

Selbst wenn das Größenverhältnis nicht so ganz stimmt, kann der Look mit einer Strickjacke eine eigenwillige Note erhalten.

DIE STRICKJACKE Lange hatten Strickjacken etwas Piefiges an sich. Seitdem man sie jedoch »unangepasst« trägt, leisten sie einen unschätzbaren Beitrag zur Lookvollendung. Man trägt sie unter dem Blazer genauso wie übergroß über einem zarten Kleidchen – und ausleihen vom Opa geht auch. Der freut sich schließlich, wenn die Nieren warm bleiben. ***

DAS KLEINE SCHWARZE Eine Amour fou, also ein Muss für jede Frau, die etwas auf sich hält – ebenso wie High Heels. Warum? Mehr dazu unter »Der ultimative Wow-Faktor: 10 Gebote«. Die perfekte Ausgangsbasis bilden zwei Exemplare: das Cocktailkleid für festlichere Anlässe und ein stilvolles, gut geschnittenes Etuikleid für die Sehnsucht nach Eleganz – oder für außergewöhnliche Momente, die in Erinnerung bleiben sollen. ****

Das kleine Schwarze – immer etwas Besonderes. Und manchmal macht das Kleid den Anlass zu einem »perfekten Moment«.

DAS SOMMERKLEID Sich unbeschwert und weiblich zu fühlen gelingt in keinem Kleidungsstück besser als in einem luftigen, fließenden Sommerkleid. Leichtes Chiffon oder kühlende Baumwolle auf der Haut sorgen dafür, dass man sich unversehens gut fühlt. Ob man die ersten Sonnenstrahlen im frischen Weiß oder farbintensiv gemustert begrüßt, spielt keine Rolle – Hauptsache, man verschafft sich gute Laune! ***

Einfach schön ist es, wenn das Sommerkleid mit Nonchalance getragen wird.

DAS WINTERKLEID In keinem anderen Kleidungsstück kann man sich so unbeschreiblich weiblich und geheimnisvoll fühlen wie in einem figurumschmeichelnden (Winter-)Kleid. Es gibt schließlich für jede Figur die passende Form. Umso schöner, wenn man sich dann noch besondere Gelegenheiten verschafft, sein Lieblingskleid häufig zu tragen. **

Ein Winterkleid mit Charakter verleiht Format – so lässt sich ein eleganter Restaurantbesuch gut an.

DIE HOSE Heute nur schwer zu glauben – aber kulturhistorisch ist die Hose eine Errungenschaft für die Frau. Denn sie verschafft uns (Bewegungs-)Freiheit und damit ideale Voraussetzungen sowohl für ein toughes als auch ein entspanntes Auftreten. Die Vielfalt an Schnitten erleichtert es uns zudem ungemein, den passenden Stil zu finden. Ein sportliches, ein modisches und ein elegantes Modell als Mindestausstattung verschaffen uns abwechslungsreiche Kombinationsmöglichkeiten. Für die optimale Form schauen Sie einfach ins Unterkapitel »Figurtypenlehre«. ***

CHINOS/KHAKIHOSEN Darf es auch ein bisschen mehr casual sein? Chinos oder Khakihosen stehen für gepflegte Lässigkeit. Zwar haben sie ihren Ursprung in der Militärbekleidung – dank kleiner Modifizierungen in den 1980er-Jahren avancierten die Baumwolltwill-Hosen jedoch farbintensiv zum typischen »Popper-Must-have«. Heute sind Chinos/Khakihosen für jedermann tragbar. Und sympathisch »angepasst« – denn sie freunden sich mit jeder denkbaren Situation an: Vom Office bis zum Besuch der Schwiegereltern – lediglich den Wiener Opernball kann man nicht mit ihnen besuchen. ***

In der Flowerpower-Variante sind Chinos echte Eyecatcher.

SPITZENUNTERWÄSCHE/LINGERIE

Wie auch immer der Beziehungsstatus gerade ist – es geht um die intimste Beziehung, die man pflegen kann: die mit sich selbst. Ob hauchzart, frivol, neckisch-verspielt oder verrucht – für sich selbst verführerisch zu sein kann lohnender als eine Therapiestunde sein. Schöne Wäsche verfügbar zu haben ist irgendwie beruhigend. ****

Apropos irgendwie beruhigend … Es kann zweifelsohne aufregend werden! Shape-Underwear kann diese Wirkung ebenso garantieren. Denn sie rückt weibliche Rundungen ins rechte Licht. Als Unterkleid formt sie die Kurven so, dass man sich auch im Schlauchkleid wohlfühlen kann. Mit Body-Shapern, Leggings und BHs wird alles geboten, was angenehmen »Formenzwang« verspricht. *

Zarte Verführung auf ihre schönste Weise …

DER KAPUZENPULLI Sich in seinen eigenen vier Wänden »cosy« zu fühlen ist ein unermesslicher Wert. Wenn die Kleidung dazu beiträgt – umso besser. Der Kapuzenpulli steht stellvertretend für Homewear, mit der man sich blicken lassen kann – und die einem, sobald man in sie hineingeschlüpft ist, ein wohlig-behagliches Gefühl vermittelt. Immer und überall! **

Think pink – feel cosy and free!

PELZJÄCKCHEN, -CAPE ODER -STOLA Vorzugsweise als Erbstück, aber selbstverständlich auch gern in der Fake-Fur-Variante. Gelegentlich muss man sich eben als Luxusgeschöpf fühlen dürfen. Aber Vorsicht! Der Look kippt schnell, wenn man es übertreibt. Pelz plus Wallemähne plus kostbares Geschmeide plus glamouröses Make-up ist eher etwas für alternde Operndiven. Im Vintage-Stil mit modischem Design und außergewöhnlich schönen Knallfarben wie Orange oder Magenta schmeichelt Pelz seiner Trägerin wie kein anderes Kleidungsstück. **

Farbenfrohe Hingucker stellen einen echten Mehrwert für jeden Kleiderschrank dar.

Lässige Eleganz vermittelt man in einer Langflor-Weste zur Metallic-Jeans.

DER ROCK Ob man es rockig liebt, ist nicht unbedingt eine Frage der Waden. Denn mal ehrlich – wo steht eigentlich geschrieben, dass Waden schlank sein müssen? Super lässig für den »Bohemien Chic« ist die Maxi-Länge. Sie kaschiert kleine Pölsterchen sogar zu flachen Schuhen wie Gladiatoren-Sandalen. Selbstbewusst wirkt frau in der wadenlangen Midi-Variante – wenn sie modisch kombiniert wird. Eleganz vermittelt ein figurbetonter Pencil-Skirt. Verspieltheit lässt sich in einer ausgestellten Rockform am besten ausleben. Ein Tüllrock, eine knallige Strumpfhose und Dr. Martens – auch das ist möglich. Wem es gelingt, sich in einem Rock wohlzufühlen, der profitiert (im richtigen Modell) von dessen Wirkung. Denn in einem Rock fühlt man sich unversehens weiblicher, und da wir längst emanzipiert sind, können wir zu dieser bedeutenden Facette unserer Persönlichkeit stehen. Ob lang, kurz, weit oder eng mit Stiefeln, Pumps oder Sneakers – wer Genuss an der Variation findet, kann nur umwerfend wirken. Ein positiver Nebeneffekt bei vielen Frauen: Der Gang gewinnt. ***

Die Mischung macht's – für jede Laune gibt es die passende Rockform!

Ob knallig oder gemustert – in einem Kostüm ist frau ein besonderer Auftritt sicher.

DAS KOSTÜM Die Problemzone Bauch lässt sich in keinem anderen Ensemble so gut kaschieren wie in einem Kostüm. Im Business-Dresscode ist es ein unübertroffener Lookaufwerter. Mehr dazu finden Sie im Kapitel »Die wichtigsten Dresscodes«. Im Freizeitbereich ist das Kostüm heute meist nur noch im Stilbruch kombiniert anzutreffen, beispielsweise mit einem extragroßen groben Strickpulli oder verwaschenen Jeanshemd mit Schnürstiefeln. Overdressed wirkt man, wenn man es klassisch mit gestärkter Bluse trägt. Anlässe, ein Kostüm zu tragen, ergeben sich immer – und falls nicht, vollzieht man eine Trennung! **

DER TRENCHCOAT Ein Klassiker und »best friend« für beinahe jede Lebenslage. Ihm gelingt es, sowohl zeitlos als auch supermodern zu sein. Ob der Kurzmantel solo getragen wird, um den Liebsten zu überraschen, oder zum Mittagslunch schnell übergeworfen wird – die Einsatzmöglichkeiten sind beinahe unendlich. Formvollendet elegant wirkt der BURBERRY-Klassiker, aber auch andere Marken halten dem stand. Mit Sonnenbrille und aufgestelltem Kragen verleiht der Trench einen unschlagbaren Coolness-Faktor. **

Es muss nicht immer Gabardine sein – ein Trench im Retro-Style lässt Sie auch im Vintage-Leder glänzen.

Marc Jacobs beweist mit seiner Kollektion in soften Tönen, dass man auch im Anzug Entspanntheit vermitteln kann.

Weit entfernt von streng, gediegen und angepasst präsentiert Diane von Furstenberg »Anzügliches« äußerst feminin.

DER HOSENANZUG Zugegeben, er wirkt sehr schnell busy und/oder maskulin. Hauptaugenmerk sollte daher der Schulterpartie gelten: Ist sie zu stark ausgeprägt, kann die Wirkung schnell einschüchternd sein. Den Spruch »Augen auf beim Anzugkauf« spare ich mir, doch das Design, die Passform und das Material müssen stimmen, wenn man sich keine Fehlinvestition leisten möchte. Die Knöpfe des Blazers sollten sich schließen lassen, doch es darf für mehr Weiblichkeit gern etwas knapper sein. Wird die Jacke offen getragen, wirkt man in seinem Outfit zudem entspannter. Eine schicke Kombination mit High Heels lässt Sie ungemein sophisticated erscheinen. An großen Frauen sehen auch weite Smokingformen gut aus, deren Blazer lange Satin-Revers haben. Als Hommage an Yves Saint Laurent sollte man diesen Look relativ pur tragen – am besten mit einem schwarzen BH. Testen Sie es einfach! Lesen Sie dazu auch das Kapitel »Die wichtigsten Dresscodes«. **

Accessoires

DIE TASCHE Eine edle Tasche könnte die Liebe Ihres Lebens werden. Sie passt immer – egal, wie viele Kilos man auch zugenommen hat. Als Klassiker kommt sie nie aus der Mode.

Und selbst wenn das Gesamtoutfit einfach und günstig ist, kann ein stilvolles Anhängsel dem Look Eleganz vermitteln. Es muss nicht GUCCI, PRADA oder LOUIS VUITTON sein – modisches Gespür beweist man vielmehr durch stimmiges Design. Neben der Form sind das Material, die Oberflächenbeschaffenheit und die Verarbeitung der Tasche maßgebend für den Stil und die Einsatzmöglichkeiten. Zur Orientierung folgt hier eine kleine Einordnung.

Altherrenhandtasche? Das war einmal! Wristlets in Knallfarben eignen sich wunderbar, um dem Look Frische zu verleihen.

Für den Lässig-Look eignen sich Hobo-Bag (Beuteltasche), Shopper, Buckle-Bag, Messenger-Bag, Tote-Bag, Trapez-Tasche Bowling-Bag, Rucksack, Wristlet (Herrenhandtasche), Doctor-Bag, Speedy oder Weekender. Vielfältigste Materialien, Effekte und Texturen – durch Patina und eine softe Verarbeitung erhalten die Taschen den erwünschten Vintage-Look.

Für den klassisch-eleganten Look sorgen Trapez-Tasche, Karree-Tasche, Pochette (kleine, flache Handtasche), Kuvert-Tasche, Speedy, Doctor-Bag oder Bowling-Bag. Aus edlem Leder, Lack oder Canvas, häufig mit Prägung oder Struktur und einer gewissen Spannung verarbeitet.

mit Mehrwert

Besonders edel: Geprägte Lederaccessoires, die Ton in Ton kombiniert werden.

Die Tasche für die Ewigkeit! Es könnte, wie hier, eine von Christian Dior sein.

Für den Abend eignen sich die Clutch, Baguette-Tasche, Kuvert-Tasche oder Pochette. Tendenziell kleine Taschen, gern mit Ziereffekten. In Zeiten des Niedrig-

zinses und drohender Inflation erhalten bestimmte Taschenmodelle eine ganz neue Bedeutung, nämlich die als wertbeständige Investment-Pieces – et voilà: CHANEL 2.55, HERMÈS Birkin-Bag, GUCCI Jackie O. oder LOUIS VUITTON Speedy.

Da Sie Ihr Objekt der Begierde sicherlich nicht als kurzzeitiges Spekulationsobjekt sehen, empfehle ich bei den Designermarken (klassische) Modelle, die saisonübergreifend in den Kollektionen geführt werden. Auch wenn uns eine quasi limitierte Auflage suggeriert, die Tasche könnte irgendwann richtig wertvoll sein, rate ich zur Vorsicht. Die teuren Highlight-Stücke werden in der Werbung für eine Saison stark gehypt, damit sie zu Must-haves werden. Wenn man sie dann zu häufig sieht, verliert sich ihr außergewöhnlicher Touch schnell – nicht zuletzt, weil sie nach einem halben Jahr schon wieder Geschichte sind und meist auch andere bemerken: »Ah, vorletzte Saison – oder?« Selbstverständlich gibt es von diesen begehrten Schätzchen unzählige Kopien, die mitunter vom Original kaum zu unterscheiden sind. Wer darauf setzt, sollte jedoch bedenken, dass sich Kontrollen am Flughafenzoll möglicherweise unangenehm gestalten könnten. ***

DER SCHMUCK Natürlich gilt: »Diamonds are forever.« Nichtsdestotrotz sollte man auch den Augenblick genießen. Mit Modeschmuck lässt sich unsere Laune zum Ausdruck bringen. Wippende Creolen am Ohr verleihen der Trägerin unversehens etwas spielerisch Mädchenhaftes. Statement-Teile haben die Macht, einem schlichten Outfit einen komplett neuen Look zu geben, wie beispielsweise brauner Rauchquarz für den Ethno-Stil oder Silber-Schwarz-Kombinationen für den avantgardistischen Touch. Das Statement-Collier platziert man mittlerweile auch mutig über hochgeschlossene Ausschnittformen.

Für die ewig währenden Diamanten empfehle ich ein puristisches Design. Denn es wäre zu schade, wenn man das teure Geschmeide aufgrund des ausgefallenen Stils für Modeschmuck hält – oder man sich gar an seinen kleinen Kostbarkeiten sattsieht und ihrer überdrüssig wird. Seine Preziosen einschmelzen und neu designen zu lassen bringen nur die wenigsten über sich, und nicht selten kommt dann auch etwas anderes dabei heraus, als man es sich ursprünglich vorgestellt hatte. ***

DIE SONNENBRILLE Der Concealer ist ausgegangen, der Abend war zu lang und zu intensiv – vielleicht scheint aber auch einfach nur mal die Sonne. Gründe, dieses Statement-Accessoire zu tragen, gibt es viele. Und der wichtigste ist natürlich der UV-Schutz der Augen(-partie). Unzweifelhaft beeinflusst das Design unseren Look immens und lässt damit auch berechtigte Style-Argumente für eine umfangreichere Auswahl gelten! Sollte also der Liebste über das Ausmaß der Brillenkollektion nörgeln, strafen Sie ihn einfach mit Ignoranz. Das Modell »Puck die Stubenfliege« ist hierfür unübertroffen – dieses wusste schon Jackie O. zu schätzen. ***

DER GÜRTEL Ob man das weibliche Ideal »Sanduhr« betont oder vortäuscht, spielt keine Rolle. Denn ein Gürtel kann uns Kurven verschaffen, wo vielleicht keine sind. Er vermag es, die Körpermitte als Highlight hervorzuheben und damit fabelhaft von – nennen wir es –»kleinen Defiziten« abzulenken. Die Must-haves sind natürlich eine Frage des Figurtyps. Den O-Typ für einen breiten Taillengürtel zu begeistern wage ich nicht. Aber statt komplett vom Gürtel abzuraten, ermuntere ich auch üppigere Ladys lieber dazu, mit zwei bis drei filigranen, locker sitzenden Modellen gleichzeitig das Outfit zu vervollständigen und damit die Silhouette zu akzentuieren. **

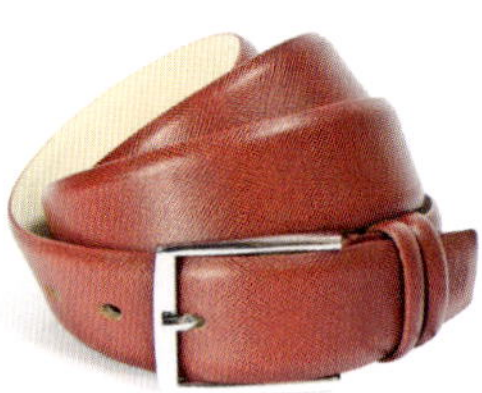

Je markanter der Gürtel in den Fokus rückt, desto besser sollte die Qualität sein. Ein Riemen aus Lederimitat oder eine billige Schließe können einem teuren Outfit leicht die Klasse nehmen.

DAS SEIDENKARREE Selbst ohne Luxuscabriolet lohnt sich die Investition in ein edles Seidenfoulard. Denn es »nur« als Kopfbedeckung einzusetzen wäre echte Verschwendung. Das Seidenkarree ist als absolutes »Signature-Piece« zu werten, weil es, als leuchtender Farbkontrast eingesetzt, immer das i-Tüpfelchen im Outfit bilden kann. Außerdem sind endlose Zweckentfremdungen möglich als Top, Gürtel, Haarband, Pareo am Strand und – last, but not least – notfalls auch eingerahmt als Bild. **

Man kann es natürlich auch ganz klassisch als Halstuch tragen und damit – falls angestrebt – sein anspruchsvolles, vornehm kultiviertes Image pflegen. Eleganz ist nie passé.

DER HUT Die Rettung für Bad-Hair-Days. Es gibt für jeden Kopf den passenden. Je flächiger das Gesicht, desto weniger tief sollte der Hut sitzen. Große Ladys sollten sich jedoch mit kleineren Hüten begnügen, wenn sie nicht den dramatischen Auftritt beabsichtigen – oder zur Mütze wechseln. *

Kaum ein Accessoire eignet sich besser, um den Look zu personalisieren.

BEACHWEAR Ein schlecht sitzender Bikini vermiest uns vielleicht nicht den Urlaub – aber definitiv steigert ein sensationell figurumschmeichelnder Zweiteiler oder ein in Form haltender Badeanzug das Strandvergnügen ungemein. Ähnlich wie bei der Shapewear-Mogelunterwäsche kann auch hier besonders feste und formstabile Jerseyware die kritischen Körperzonen optimieren. Mit vertikalen Abnähern oder Paspeln lässt sich außerdem eine schlankere Silhouette zaubern.

TIPPS: Meiden Sie bei Ihrem Shoppingausflug Umkleidekabinen mit Neonbeleuchtung. Nehmen Sie zum Probieren gleich eine große Auswahl bunter Beachwear mit in die Kabine. Ganz wichtig: Gönnen Sie sich ausnahmsweise vor dem Einkaufsvergnügen ein oder zwei Cocktails oder Proseccos. ***

Der Bikini mit ausgearbeiteten Körbchen ist fantastisch für Frauen, die mit weniger Oberweite ausgestattet sind. Die dreiteilige Variante in Rot kaschiert kleine Pölsterchen am Bauch. Der schwarze Neckholder-Badeanzug schmeichelt einer insgesamt kräftigeren Dame.

Die Schuhe

Auch wenn man Schuhen keine höhere Bedeutung beimisst, verfehlen sie dennoch ihre persönlichkeitsbezogene Wirkkraft nicht – und schon ein simples Riemchen kann dafür entscheidend sein! Zum Beispiel, ob man in Mary Janes brav, mädchenhaft und vielleicht züchtig anmutet oder – selbst bei gleicher Absatzhöhe – in einem spitzen Reptil-Heel als Vamp wahrgenommen wird.

Einigkeit besteht auf jeden Fall in einem Punkt: Wir Frauen können einfach nicht genug von ihnen haben. Außerdem lässt sich kaum etwas angenehmer shoppen als Schuhe! Scham beim Anprobieren gibt es nicht – unsere Figur spielt schließlich keine Rolle.

STILETTOS/HIGH HEELS »Stichwaffen« ist eine sehr treffende Bezeichnung für diese Schuhe. Als Synonyme verwendet man auch die Begriffe Stöckelschuhe oder High Heels. Sie besitzen häufig einen Bleistiftabsatz und sind vorn meist offen. Allerdings nicht zwangsläufig, denn es gibt auch Plateau- oder Keil-Varianten. Stilettos dienen mit mindestens 10 Zentimetern Absatz nicht nur der Steigerung der Körpergröße, Aufwertung des Pos und Verbesserung des Ganges – sie pushen das Selbstbewusstsein. Eine Korrelation, der auch Männer nicht widersprechen. Wetten, dass …?

Stilettos sind Lookveredler und Effekthascher gleichzeitig – nur für den Business-Dresscode sind sie definitiv zu heiß.

PUMPS Die geschlossene Variante mit einer Absatzhöhe von 3 bis 9,5 Zentimetern. Diese Alleskönner sind sowohl zum Rock als auch zur Hose tragbar. Ob Frühjahr, Sommer, Herbst oder Winter – mit Pumps kann man eigentlich gar nichts falsch machen. Mittlerweile ist auch ein Look – als Stilbruch – mit derben Socken gestattet, um weniger ladylike aufzutreten.

PEEPTOES Pumps mit offener Spitze. Besonders in Nude-Tönen veredeln sie das Bein. Bitte unbedingt barfuß tragen.

SLINGPUMPS Eleganz mit offener Verse und Riemchen. Coco Chanel liebte sie – für den heute angesagten Effortless-Style sollten Sie Ihre Slingpumps möglichst im Stilbruch zur Jeansjacke kombinieren.

WEDGES Egal, ob aus Holz, Kork oder mit Leder überzogen – der durchgehende Keilabsatz ermöglicht komfortables Laufen, so weit die Füße tragen. Empfehlenswert sind besonders die filigraneren Modelle. Sie ermöglichen Kombinationen mit Rock und Hose.

PLATEAUS Die Beinverlängerer haben ein wahres Revival erlebt. Kein Wunder: Denn Plateaus verschaffen uns – dank ihrer Verstärkung unter dem Vorderteil des Schuhs – das Mehr an Körpergröße mit einer »Schmerzfrei-Garantie«.

SANDALEN/SANDALETTEN/EDEL-FLIP-FLOPS Wenn es ein wenig luftiger sein darf, sind sie unverzichtbar. Allerdings: Überstehende Zehen oder Versen sind ähnlich unansehnlich wie eine unzureichende Pediküre.

Typisch für Sandaletten – filigrane Details wie zum Beispiel Knöchelbänder.

ESPADRILLES Mittlerweile gibt es sie auch mit Absätzen in der Edelvariante. Diese aus dem Provenzalischen stammenden Leisetreter muss man einfach lieben – denn sie versprechen Leichtigkeit und Urlaubsfeeling.

CHUCKS/SNEAKERS Manchmal muss es eben lässig sein. Nicht nur zu Jeans und Shorts – zum reinen Freizeitlook sind sie einfach unschlagbar. Mit Chucks offenbart man, dass man es locker nimmt.

BALLERINAS Mädchenhaft unkompliziert vermittelt man in ihnen immer sommerliche Unbeschwertheit und tritt dennoch gepflegt auf.

LOAFERS Elegant und bequem – mitunter auch etwas maskulin –, gewinnen sie wieder zunehmend an Bedeutung.

HERRENSCHUHE Eine maskuline Note – gut für konsequent androgyne Looks.

Ein wertvoller Bestandteil des Schuhschranks: Mit Herrenschuhen lässt sich die Garderobe vielseitig kombinieren.

BOOTIES »These Boots Were Made for Walking.« Unverzichtbar, wenn man es sportiver oder als Stilbruch lässig mag. Booties sind die Kurzvariante des Stiefels und können – sowohl flach als auch mit Absatz – das ganze Jahr über getragen werden.

BIKER BOOTS Brave Mädchen kommen in den Himmel – böse überallhin. Mit Biker Boots gelingt das noch besser! Unschlagbar sind sie in der Kombination mit einem luftigen Kleidchen.

ANKLE BOOTS Diese knöchelhohen Kombinationen aus Pumps und Boots, die auch Stiefeletten genannt werden, sind wahre Multitalente, die ein Rockoutfit weniger ladylike wirken lassen und dem Jeanslook mehr Eleganz verleihen.

STIEFEL Im Handel in allen Variationen verfügbar und daher aus keinem guten Kleiderschrank mehr wegzudenken. Wichtig: Schafthöhe und -weite können den Oberschenkel optisch formen.

COWBOYSTIEFEL Kein Must-have in der Schuhsammlung – aber eine dekorative Erinnerungshilfe, den stressigen Alltag lässig zu nehmen.

QUALITÄT HAT IHREN PREIS – DIE HEISSE NADEL KOMMT NUR BEI GÜNSTIGEN TEXTILIEN ZUM EINSATZ. NEUE MYTHEN?

Kompetent kaufen

Niemand zahlt gern zu viel für ein Kleidungsstück. Selbst wenn man grundsätzlich eine hohe Wertschätzung für gute Produkte hat und daraus resultierend die Bereitschaft besteht, mehr Geld für das neue »Lieblingsstück« auszugeben, macht man gelegentlich ernüchternde Erfahrungen: Der teure Angorapulli bildet nach nur einem Tag Knötchen. Die angesagte Designerjeans gerät beim Tragen vollends aus der Form. Das edle Sommerkleid löst sich in Wohlgefallen auf. Reklamationen sind zeitaufwendig und ärgerlich. Insbesondere, wenn die Storemanagerin unseren Standpunkt nicht teilt und anwesende Kunden im Geschäft ein gesteigertes Interesse an deren Ausführungen entwickeln. Tief durchatmen und rückwärts zählen hilft unserem Gemütszustand dann auch nur bedingt. Um jedoch eine Lanze für die Einzelhändler zu brechen: Es gibt Grenzfälle, Zweifelsfälle und Kunden, die selbst verschuldet beschädigte Kleidungsstücke reklamieren.

Bleiben wir aber bei den tatsächlich mangelhaften Textilien. Die »heiße Nadel« trägt dazu bei, dass Mode zu einem Konsumprodukt geworden ist, obwohl die schnelle Machart längst nicht mehr nur bei günstiger Bekleidung Einsatz findet. Ein Großteil der Bevölkerung arrangiert sich mittlerweile gern mit weniger augenfälligen Qualitätseinbußen – und genießt es überdies, Abwechslung im Kleiderschrank zu haben. Dies kann man nicht verurteilen.

Ist der Qualitätsanspruch jedoch höher, wächst natürlich das Bedürfnis, eine objektive Einschätzung für ein Kleidungsstück zu erlangen. Zum Beispiel auch etwas über die gesundheitlichen Aspekte zu erfahren, die häufig unterbewertet oder ignoriert werden. Allerdings sind gute Qualitäten nicht immer leicht zu erkennen. Denn neben dem Material tragen auch das Finish, die Färbung, Fasermodifizierungen und die Verarbeitung zum Wert eines Textils bei – und erschweren dessen Beurteilung. Mal mehr und mal weniger ist dies vom Hersteller beabsichtigt.

Mit ein wenig textilem Know-how gelingt es, ein Gefühl dafür zu entwickeln, ob ein hoher Preis gerechtfertigt ist. Dieses Einschätzungsvermögen verhilft uns dazu, den Spaß an der Mode zu bewahren.

Das Material

BAUMWOLLE Das Hauptkriterium für eine hohe Qualität ist hier die Stapellänge (durchschnittliche Faserlänge). Ist diese hoch, lässt sich die Faser gut verdrehen, und das Garn wird damit gleichmäßig und haltbar. Ähnlich bedeutsam sind die Farbe und der Glanz der Rohbaumwolle. Die Farbabstufungen reichen von Weiß, Creme, Grau bis Braun. Je heller die Farbe und je höher der Glanz, desto hochwertiger ist die Qualität einzuordnen.

Im Jahr 2010 wurden weltweit über 25 Mio. Tonnen produziert.

Wertsteigerungen lassen sich zudem durch unterschiedliche Ausrüstungs- bzw. Veredlungsprozesse erzielen. In diesen Verfahren werden der Nutzwert und/oder das Aussehen der Baumwolle optimiert.

Merzerisieren: Eine Ausrüstung, mit der man den Glanz, die Färbbarkeit und die Stabilität der Baumwolle verbessert. Unter Zugspannung wird dabei in einem Verfahren mit Natronlauge der zellulosische Faserquerschnitt verändert.

Sanforisieren: Der Fachterminus steht für eine »Krumpfecht-Ausrüstung«, bei der das Einlaufen eines Stoffes gemindert und Maßstabilität beim Waschen angestrebt werden.

Kalandern: Ein Verfahren, bei dem das Textil unter Walzendruck ein geschlossenes Aussehen, Glätte und Dichte erhält.

Pflegeleicht-Ausrüstungen (»bügelfrei«, »bügelarm«, »wash & wear«, »minicare«): Sie bewirken, dass Stoffe leicht waschbar sind, kaum einlaufen, schnell trocknen und nur wenig oder gar nicht gebügelt werden müssen.

Die Kehrseite: Umwelt- und Gesundheitsaspekte bestimmter Hochveredelungen (z. B. mit Kunstharz) sind teilweise umstritten. Ammoniak belastet die Abwässer. Formaldehydhaltige Chemikalien können allergische Hautreaktionen hervorrufen und stehen im Verdacht, krebsfördernd zu sein.

Die bekanntesten italienischen Webereien sind CERRUTI, Zegna, GUABELLO und Loro Piana.

Den unerwünschten Pilling-Effekt der Wolle mindert man durch Drehungsveränderungen und chemische Mittel wie zum Beispiel Kieselsäure. Bestimmte Ausrüstungsprozesse wie das Eulanisieren (Schutz vor Mottenfraß), Filzfreiheit (Hercosett-Verfahren, EXP-Verfahren) und Maschinenwaschbarkeit können jedoch die natürliche Thermoregulationseigenschaft der Wolle beeinträchtigen.

WOLLE Das Wollsiegel (»Woolmark«) garantiert, dass das Produkt zu 100 Prozent aus reiner Schurwolle (Wolle des Schafs), die erstmals verarbeitet wurde, besteht. Wolle kann ansonsten auch ein wiederverwendetes Recyclingprodukt sein und aus Fellen unterschiedlicher Tiere stammen, wie beispielsweise von Schafen, Kaschmirziegen, Angoraziegen, Angorakaninchen, Kamelen, Alpakas, Lamas, Vikunjas, Moschusochsen oder Yaks.

Eine hohe Qualität gewährleistet die Verarbeitung der langstapeligen Fasern zu sehr glatten und gleichmäßigen Kammgarnen. Das kurzfaserige Streichgarn findet eher für die etwas voluminöseren Stoffe wie beispielsweise Tweed Verwendung.

Die Bezeichnung »Super 100« steht für die Feinheit des Garns und besagt, dass 100 Meter des Garns ein Gramm wiegen. Je höher die Zahl, desto feiner ist das Garn und damit hochwertiger das Kleidungsstück. Die Angabe »Super Fine Merino Wool« steht für extrem feine und hochwertige Ware.

KASCHMIR Lediglich die Feinfasern aus dem Unterfell der Kaschmirziege werden zur Gewinnung dieser Edelwolle verwendet. Einmal pro Jahr können rund 150 Gramm ausgekämmt werden. Für einen Kaschmirpullover benötigt man mindestens die zweifache Menge.

Das feine Flaumhaar aus dem Unterfell der Kaschmirziege bildet die Grundlage für den begehrten Kaschmirstoff.

Dies führt dazu, dass Kaschmirfasern imitiert werden. Führend auf diesem Gebiet sind die Chinesen. Sie kreieren die Schuppenschicht einfacher Schafwolle mithilfe von Silikon und Chlor zu einem Produkt, das selbst Experten nur unter dem Mikroskop als Fake-Kaschmir enttarnen. Besondere Skepsis ist angebracht, wenn ein Kaschmirpulli für unter 100 Euro angeboten wird.

SEIDE Zu kaum einer Faser gibt es so viele positive Assoziationen wie zur Seide. Zu Recht – denn die Faser bietet mehr als nur das verheißungsvolle Luxusprädikat: Sie weist auch hervorragende Trageeigenschaften auf. Sagenumwoben ist die Geschichte um die Entdeckung des begehrten Materials, dessen Ursprünge man in China vermutet und auf etwa 3.000 vor Christus zurückführt. Die Gewinnung der Seide aus den Kokons der Seidenspinnerraupen ist seit jeher unverändert. Der im Inneren des Kokons befindliche, bis zu 3.000 Meter lange Seidenfaden wird für die Herstellung der besonders edlen Stoffe gewonnen. Die äußere härtere Schicht des Kokons wird meist für gröbere Gewebe verwendet. Die Qualitäten variieren entsprechend ihrer Oberflächenbeschaffenheit: von »glatt glänzend« über »noppig« bis »transparent« und »matt«. Für 1 Kilogramm Rohseide werden durchschnittlich 10 Kilogramm Kokons benötigt. Im Handel erhältlich sind unterschiedliche Arten von Seide: Maulbeerseide, halbwilde japanische Seide sowie die chinesische Wildseide – auch Tussahseide genannt.

Die Ursprünge der Seide vermutet man in China.

Ein edler Glanz und intensive Farben sind die typischen Merkmale hochwertiger Seide.

Aus den kurzen Seidenfasern entsteht die charakteristisch eher matte, unregelmäßige und noppige Bourette-Seide, die auch Reste des Kokons sowie Seidenleim enthalten kann und daher minderwertiger eingestuft wird. Nichtsdestotrotz findet sie aufgrund ihrer Oberflächenbeschaffenheit häufig Verwendung für Kleider und Kostüme im CHANEL-Stil.

Seide ist ein außergewöhnliches Leichtgewicht und hat unter den Naturfasern die höchste Reißfestigkeit. Seidengewebe sind extrem formbeständig und nehmen bis zu 30 Prozent ihres Eigengewichts an Feuchtigkeit auf. Erstklassig sind damit auch die Färberesultate – kaum eine Naturfaser erzielt vergleichbar leuchtende und intensive Farben.

Die Zutaten

Knöpfe, Reißverschlüsse, Kordeln, Bänder, Borten oder Ähnliches – die sogenannten Zutaten im textilen Bereich – werden häufig unterschätzt. Gern werden sie jedoch auch zum »Blenden« eingesetzt. Details wie Knöpfen, Gürtelschließen und Reißverschlüssen gesteht man zunächst nur den reinen Gebrauchswert zu. Sind sie jedoch markant in der Optik, gelingt es ihnen, das Kleidungsstück auf- oder abzuwerten. So, wie beispielsweise Imitatknöpfe einen scheinbar teuren Blazer leicht enttarnen können, sind Knöpfe aus natürlichen Materialien wie Perlmutt oder Horn Indikatoren für eine konsequente Designlinie – insbesondere im klassischen Bereich. Man kann einwenden, dass Hornknöpfe außerhalb von Deutschland deutlich günstiger sind als hierzulande und damit die Rechtfertigung für einen hohen Preis widerlegen – dennoch ist der Gegenwert des Textils zweifelsohne höher als bei einem Teil mit Imitatknöpfen. Für Zutaten gilt somit, dass wertvoll nicht zwangsläufig teuer sein muss. Ein schöner Rückschluss dank einer globalisierten Welt …

Die Verarbeitung

Wie sauber, wie glatt, wie aufwendig ein Kleidungsstück verarbeitet ist, erschließt sich einem nicht immer auf den ersten Blick. Die Wertigkeit und Langlebigkeit eines Textils werden dennoch stark von diesen Aspekten beeinflusst.

Ein Blazer, dessen Einlagen nicht ordentlich fixiert sind, übersteht die Reinigung wahrscheinlich nur mit einem welligen Revers. Hier kann das unregelmäßigere Stitching von Hand den Rückschluss auf eine insgesamt hohe Qualität zulassen – denn bei einem preiswerten Material lohnt der Aufwand nicht.

Aufmerksamkeit verdient auch die Schulterpartie. Ein Ärmelansatz, der schon im Geschäft nicht richtig glatt an der Schulter abschließt, wird nach den ersten Regentropfen möglicherweise unschöne Kräuselungstendenzen aufweisen.

Auch der Musterverlauf verrät etwas: Wird er an den Nähten fortgeführt, ist in der Regel auch der Stoffeinsatz höher und die Rechtfertigung eines teureren Preises eher gegeben.

Sich berührende bzw. »sich küssende« Ärmelknöpfe beim Blazer (Foto) sind kein Grund für Irritationen, sondern ein Zeichen für eine hochwertige Verarbeitung. Lassen sich die Knöpfe öffnen, kann auch dies ein Indiz für hohe Schneiderkunst sein – muss jedoch nicht.

Bei Strickwaren lohnt es sich, neben dem Material und dem Design auf die Nähte zu achten. Sind die Stoffkanten des Textils geschnitten und versäubert, ist das Kleidungsstück nicht »fully fashioned« (auf Form gestrickt) verarbeitet, und die Masche kann sich lösen.

Auch Blusen besitzen Verarbeitungsmerkmale, die einen höheren Preis rechtfertigen. Hier die markantesten: eine Rückenpartie mit geteilter Rückenpasse und längerem Rückenteil, ein exakter Musterverlauf über die Nähte hinaus, Nähte mit vielen Stichen (8 pro Zentimeter), Stoffwinkel im Seitenschlitz, ein mehrfach gefältelter Ärmelübergang zur Manschette sowie ein Extraknopf oberhalb der Manschette am Schlitz mit waagerechtem Knopfloch.

TIPPS: Ziehen Sie ein Kleidungsstück vor der Kaufentscheidung auf links. Denn so erfahren Sie etwas über die »inneren Werte« des Textilguts. Futterstoffe beispielsweise sollten aus Cupro oder Viskose sein, da diese Fasern atmungsaktiv und feuchtigkeitsbindend sind und sich nicht statisch aufladen.

Weniger gut sind die Trageeigenschaften der seidenähnlichen Acetat-Faser: Sie neigt durch ihre geringe Feuchtigkeitsaufnahme zur elektrostatischen Aufladung. Ist ein Kleidungsstück nicht unterfüttert, mindert das nicht unbedingt seinen Wert. Wichtig ist hier die Nahtverarbeitung. Sind alle Kanten und Nähte sauber mit Satinband eingefasst, kann dies aufgrund des Zeitaufwands teurer sein als die Komplettunterfütterung. In diesem Fall gilt es abzuwägen, was hygienischer ist und mehr Tragekomfort verspricht.

WICHTIG: Neue Textilien, die auf der Haut getragen werden, sollten vor dem ersten Gebrauch mehrmals gewaschen werden, damit eventuell schwermetallhaltige Farben und Ausrüstungschemikalien ausgespült werden können.

Der Anspruch an die Langlebigkeit eines Textils besteht zwar häufig nicht mehr – aber günstig wirken soll der Look dennoch nicht. Die Unterscheidung zwischen hoher Qualität, Luxus und Verschwendung bleibt schwer – und man kann die Merkmale getrost ignorieren, wenn die Optik und der Preis überzeugen. Driftet man dabei jedoch vollends in Richtung Ramsch ab, läuft man Gefahr, unvorteilhafte Rückschlüsse auf die eigene Person zu provozieren. Die Entscheidung für eine hochwertige Qualität ist schlussendlich eine des eigenen persönlichen Anspruchs.

Was ist uns physisch näher als das Textil, das uns umhüllt?

Fair gewinnt. Menschenwürdiges Arbeiten in der Textilbranche

Denkt man an die Missstände, die Billigproduktionen zuzuschreiben sind – wie im Jahr 2013 die eingestürzten Fabrikgebäude in Bangladesch, in denen unzählige Mitarbeiter ums Leben kamen –, wächst zwangsläufig Unmut. Doch solchen Problemen entgegenzuwirken scheint schier unmöglich. Denn auch der Erwerb teurer Kleidung garantiert nicht, dass ein Textil fair gehandelt wurde und die hoffentlich erwachsenen Mitarbeiter in allen Arbeitsprozessen – angefangen bei der Baumwollernte mit Pestizid- und Insektizid-Belastungen bis hin zum Verkauf im Geschäft oder Versand – menschenwürdig arbeiten konnten. Es ist für uns jedoch leichter geworden, Informationen zu erlangen und damit die ausgeklügelten PR-Strategien unsolider Unternehmen zu durchschauen. Die internationale Organisation FAIRTRADE beispielsweise engagiert sich auch im Textilhandel in diversen Projekten für mehr Transparenz und versucht, Missständen vorzubeugen. Ein guter Ansatz für ein neues Bewusstsein.

To Do or Not to Do

Stilbruch – ein Begriff, der vor 20 Jahren nicht in unserem Wortschatz existent war und im anfänglichen Sprachgebrauch für Irritationen gesorgt hat. Was tatsächlich gemeint wurde, war schwer auszumachen. Heute hört man die Begrifflichkeit »Stilbruch« in unterschiedlichsten Zusammenhängen: Sie scheint allgegenwärtig zu sein. Kaum eine Branche verzichtet auf Botschaften mit diesem verheißungsvollen Terminus: Möbel/Interieur, Kunst, Mode – um nur einige Stilbruch-Verfechter zu nennen. Konsequenz scheint out zu sein. Stilbruch eröffnet Möglichkeiten und bietet Spannung. Die Begründung für den Erfolg dieses Wortes liegt auf der Hand: Mit einem Stilbruch ist man schwer festzulegen und weniger gefährdet, langweilig zu wirken. Darüber hinaus verschafft man sich die ideale Blanko-Entschuldigung für eine fehlende Linie. Konsequente Looks trifft man heute im Straßenbild nur noch selten an. Im Zuge wachsender Individualisierung möchte

man alles, was eine gewisse »Festgefahrenheit« vermuten lässt, meiden. Und in der Tat – ein Cross-over tut einem Look, wenn er spannend gemacht ist, auch wirklich gut. Er ist in der Lage, Strenge zu entschärfen durch verspielte Details. Konservatives nicht spießig wirken zu lassen durch sportive Elemente. Flippiges zu besänftigen durch puristische Kontraste. All das trägt zur Belebung des persönlichen Stils bei, bringt Schwung in den Look und erhält den Spaß an der Mode. Ein eindeutiges Trendbekenntnis scheint einfallslos, Komplettlooks offenbaren mangelnden Mut und fehlende Fantasie. Mit Stilbruch ist man sympathisch unangepasst – jenseits von Mainstream – einfach »unique«.

Also Bahn frei für willkürliches »mix and match«? Widersprechen lässt sich nicht – aber abraten schon. Wenn der eigene Stil völlig abhandenkommt, fehlt etwas. Das führt bestenfalls zu höflichem Erstaunen beim Gegenüber. Ebenso völlig unbedachtes Kombinieren: Der Ethno-Stil kombiniert mit coolen Avantgarde-Elementen wie Leder und Nieten überfordert das Auge und wirkt abenteuerlich im leider falschen Sinne.

Wenn die Harmonie fehlt, wirkt der Look inkonsequent oder unentschlossen. Denn Gegensätze ziehen sich nicht immer an.

Leder macht den Look weniger klassisch und bricht die Eleganz.

Online-Shopping vs. Modeboutique

Mit unserem Kaufverhalten beeinflussen wir die Einzelhandelsstruktur in den Innenstädten. Wir kaufen zunehmend bei Filialisten ein. Die Folge: Inhabergeführte Multimarken-Geschäfte verschwinden aus den Stadtzentren. Wir kaufen zunehmend per Mausklick ein. Die Folge: Mehr Ladenleerstände in den Innenstädten. Unser Einkaufsverhalten prägt somit das Städtebild nicht unerheblich. Dass die Stadtzentren folglich immer vergleichbarer werden, ist eine Entwicklung, die weltumspannend zu beobachten ist.

Es spielt ja keine Rolle, wie man beim »Glücklichklicken« aussieht …

Natürlich ist es bequem, von zu Hause aus zu bestellen, und es entspricht dem Zeitgeist. Online-Shops versprechen unendliche Möglichkeiten, wie beispielsweise einen unverfänglichen Warener-

PRO ONLINE-SHOP

Websites bieten einen unkomplizierten ersten Eindruck.
Die Mode wird häufig an Models präsentiert und lässt sich näherzoomen.
Kein Anstehen vor Kabinen und Kassen.
Keine Parkplatzsuche, kein Taschenschleppen = Zeitersparnis.
Schöner Zeitvertreib und Vergleich internationaler Mode.
Bequemes und entspanntes Shoppen überall und jederzeit.
Die Quarkmaske im Gesicht kann während des Shopping-Vergnügens draufbleiben.

werb bzw. -rückversand, und das alles wunderbar »multitasking-kompatibel«. Die Folge: Wir entwickeln uns immer stärker zu Bewegungsmuffeln – im Gegensatz zu den Pakete schleppenden UPS-, Hermes- oder DHL-Boten.

Obwohl die Kompromissbereitschaft beim Online-Shopping hoch ist, weil man innerlich schon einkalkuliert, dass das Kleidungsstück nicht exakt den Vorstellungen entspricht, werden 50 Prozent der Textilien laut einer Auswertung von Trusted Shops retourniert. Sofern man seine Ware rechtzeitig zurückschickt, entstehen bei den meisten Portalen keine nennenswerten Probleme. Dies führt bei einigen Kunden zu einer Ausnutzung dieser werbewirksamen Kulanz. Die Folge: Der Erwerb bereits getragener Artikel nimmt zu. Dies resultiert daraus, dass der Nachweis, das Kleidungsstück nicht getragen zu haben, sich nicht einfordern lässt. Als Konsequenz verabschieden sich bereits erste Online-Shops von ihren verlockenden kostenlosen Rückversandangeboten.

Das unmittelbare Erleben macht den Einkauf in der Boutique zu einem besonderen Ereignis.

PRO RETAILER

Boutiquen bieten individuellen Service.
Die Beurteilung der Bekleidung durch Haptik und Anprobe: Stärke, Elastizität, Stofffall, Sitz, Glanz, Farbwirkung etc.
Sehr gut ausgebildete Mitarbeiter, insbesondere in inhabergeführten Geschäften, bieten outfitbezogene Styling-Tipps.
Die Freundin kann intensiv miteinbezogen werden.
Mode, die perfekt aufeinander abgestimmt ist, lässt sich häufig »in einem Abwasch« shoppen.
Handeln möglich.
Keine Wartezeiten: Man nimmt seine »Beute« direkt mit nach Hause.
Kalorienersparnis, ein hoher Spaß-, möglicherweise auch Flirtfaktor besonders an Samstagen.

Ausgewählte

ONLINE-SHOPS

asos.de
Große Auswahl trendiger Mode. Erschwingliche Star-Styles.

avenue32.com
Luxuriöse Mode bedeutender Marken und Newcomer.

boohoo.com
Trendiges für die Fashionista am Ende des Monats (fast schon zu günstig…).

farfetch.com
Anspruchsvoller Shop mit exklusiver Mode.

glamorousuk.com
Junge und gut bezahlbare Styles.

Ln-cc.com
Cool inszenierte urbane Fashion.

luxodo.com
Attraktiver Mix aus angesagter Mode.

matchesfashion.com
Edle Designermode und Accessoires.

modaoperandi.com
Runway-Kollektionen ausgewählter Designer.

missguided.eu
Nein, gar nicht fehlgeleitet – es sei denn, Sie suchen Konservatives…

mytheresa.com
Erstklassiger Online-Shop der Münchner High-Fashion-Boutique.

net-a-porter.com
Exklusive Designermode, Accessoires und Beautyprodukte, mehr als 350 Marken.

shelikes.com
Fashion für den kleinen Geldbeutel.

stylebop.com
Alle angesagten Trendlabels.

stylight.de
Recht ausgewogene Mischung an modischer Bekleidung.

stylistpick.com
Trendiges Programm aus erschwinglicher Mode.

theoutnet.com
Designermode bis zu 70 Prozent ermäßigt.

topshop.com
Eigenwillige Styles, wunderbar mit Model und Muse Kate Moss inszeniert.

3suisses.de
Französischer Versandhandel: klassisch, sportlich elegant.

zalando.de
Alle bekannten Labels in breiter Auswahl.

Adressen

Großbritannien: Dover Street Market; Harrods; Liberty; Selfridges; The Shop At Bluebird, London

Italien: 10 Corso Como; Biffi; Gente Roma; La Rinascente; Leam

Spanien: Coquette Barcelona; El Corte Inglés; Jofré; Paola

USA: Barneys New York; Bergdorf Goodman; Bloomingdale's; Lord & Taylor; Macy's; Neiman Marcus; Nordstrom, Inc.; Saks Fifth Avenue

Österreich: Park, Wien

Schweiz: Bongénie Grieder; Feldpausch

Flagshipstores der Modelabels:
Vertikal agierende (Designer-) Marken, die ausschließlich das eigene Sortiment verkaufen.

Filialisten:
Dynamisch agierend und häufig international aufgestellt, bieten sie angesagte Mode und ein unschlagbares Preis-Leistungsverhältnis.
Banana Republic; Cos; Esprit; Gap; H&M; Hallhuber; J.Crew; Mango; Stefanel; Uniqlo; Urban Outfitters; Zara

DESTINATION- SHOPPING
(meist auch mit Online-Shops und gelegentlich in mehreren Ländern vertreten)

Multilabel-Stores, Luxusmode- und Warenhäuser:
Exklusive Designermarken und Mode gehobenen Genres im schönen Ambiente präsentiert. Zum Teil als Erlebniskaufhäuser konzipiert bieten sie wunderbares Flanieren in unterschiedlichen Themenwelten.

Deutschland: Alsterhaus; Appelrath Cüpper; Apropos; Ludwig Beck; Breuninger; Jades; KaDeWe; Lodenfrey; Oberpollinger; Peek & Cloppenburg; The Corner Berlin; Unger

Frankreich: Colette; Galeries Lafayette; L'Eclaireur; Montaigne Market

Kurzlebige Trends und die Folgen

Die Schnäppchenjagd ist längst kein Sport mehr, der sich ausschließlich auf Menschen, die gerade ihren Dispo überzogen haben, beschränkt. Ein Teil günstig »geschossen« zu haben, befriedigt den Jagdtrieb und verschafft uns ein kleines Erfolgserlebnis. Also was spricht dagegen? Wenn es nicht zur Ersatzbefriedigung wird: absolut nichts.

Ein Kaufrausch kann jedoch schnell zur Ernüchterung führen, wenn man die einfachsten Bedarfs- und Typgrundsätze ignoriert bzw. vergisst und sich von der reinen Ersparnis blenden lässt. Sonst wird man schnell von der Schnäppchenjägerin zum Modeopfer.

Aus »stark reduziert« lässt sich neben »Saison beendet« häufig »modisch out« oder »Trend-Desaster« schlussfolgern. Selbst wenn Celebritys mit einem bestimmten Look in den Modezeitschriften abgebildet sind, ist dies kein Indiz für einen überdauernden Trend. Es ist längst kein Geheimnis mehr, dass Stars von Designern ausgestattet werden. Dass sie jedoch nicht unbedingt mit den Selbstläufern verwöhnt werden, sondern eher mit den gewagten Statement-Teilen – die Fotoklicks erzeugen –, darf als Gesetz gewertet werden. Ein Jumpsuit beispielsweise an der hinreißend schönen Charlize Theron sieht umwerfend aus. Dass der Look allerdings auch fernab der New

Fashion Heroine oder Fashion Victim?

Yorker Fifth Avenue an uns normalsterblichen Frauen überzeugt und nicht – im schlimmsten Falle – wie ein Babystrampler wirkt, wage ich zu bezweifeln. Ähnlich verhält es sich mit Tiermotiven, dem Egg-Shape und den meisten Extrem-Styles, die häufig schnell reduziert werden.

Eine Factory-Outlet-Pilgerreise klingt zunächst nach unendlicher Auswahl im Schnäppchenparadies. Wenn man erfährt, dass eigens für dieses Sortiment auf der Billigschiene produziert wird, verringert sich die Lust auf den Shopping-Ausflug immens.

Fakt ist jedoch, dass die hohe Nachfrage nur so befriedigt werden kann. Am Saisonende maßlos zu shoppen erscheint uns da schon »vernünftiger«. Der Einzelhändler braucht schließlich Platz für neue Ware – Rabatte von bis zu 70 Prozent begegnen uns da an jeder Ecke. Und mal ehrlich: Wer kann dazu schon Nein sagen? Leider sind Rotstiftpreise jedoch auch häufig Preise, die im Vorfeld hochgezeichnet wurden.

Auch Kunden- oder VIP-Karten verführen uns gelegentlich. Der Händler nutzt sie zur Kundenpflege bzw. -bindung. Ungern redet man dabei vom »gläsernen Kunden«. Informationen über das Kaufverhalten, um zielgenaue Werbung zu platzieren, steht bei der Vergabe einer Karte oft im Vordergrund. Belohnt wird die Transparenz durch Präsente oder Rabatte.

Clever shoppen – gewusst wie!

Get the Dress

1 Treue lohnt sich. Sofern Sie ein Lieblingsgeschäft haben, in dem Sie sich zweimal jährlich zum Kauf verleiten lassen, bietet sich eine Registrierung als Stammkunde an. Insbesondere bei inhabergeführten Läden.

2 Wer nicht fragt, bleibt ohne Rabatt. Es kostet Überwindung, aber Handeln ist mittlerweile ein Sport geworden.

3 Gemeinsam statt einsam! Nicht nur als Ratgeberin ist die Freundin eine wertvolle Begleiterscheinung – sollte auch sie etwas im Geschäft kaufen, legen Sie mit ihr zusammen und sprechen Sie charmant das Thema Mengenrabatt an.

4 Nur Bares ist Wahres. So sieht es zumindest der stationäre Einzelhändler und gewährt für die bar bezahlten Waren mindestens 3 Prozent Nachlass.

5 Keine halben Sachen machen. Zum Mantel fehlt noch der passende Schal? Zu den Stiefeln hätten Sie gern noch Schaftspanner? Die

for Less

edle Kaschmirjacke verträgt einen Farbklecks in Form einer Schmuckbrosche? Kommunikation ist alles! Sollten Sie den Kauf an die Bedingung knüpfen, ein Zusatzteil zu erhalten, wird Ihnen möglicherweise ein solcher Naturalrabatt gewährt.

6 Deckel drauf. Einzelhändler wollen Geschäfte lieber heute als morgen zum Abschluss bringen. Wenn Sie Bedenkzeit brauchen, weil Sie Ihr Budget überschreiten würden, dann teilen Sie Ihr Limit mit.

7 »Liquidität geht vor Rentabilität.« Einer der wichtigsten kaufmännischen Grundsätze. Ist erkennbar, dass ein Kleidungsstück zum Ladenhüter werden könnte, reduziert ein kluger Kaufmann seine Ware. Ob Sie ihn behutsam darauf hinweisen, liegt in Ihrem Ermessen.

8 Setzen Sie sich im Vorfeld Ihres nächsten Shopping-Ausflugs ein Limit und versuchen Sie, Frustkäufe zu vermeiden.

Mit Kreativität Kleidung veredeln

Wie kann man ein verregnetes Wochenende besser nutzen, als den Kleiderschrank auszumisten, seine Kreativität unter Beweis zu stellen und sich eine neue Garderobe zu verschaffen?! Das Schöne: Für die neuen Outfits müssen Sie nicht einmal viel investieren. Holen Sie sich die beste Freundin mit ins Boot, und der Spaßfaktor stimmt.

Da Sie wahrscheinlich ein sehr ordentlicher Mensch sind, hält sich die Menge der aussortierten Teile möglicherweise in Grenzen. Doch gibt es im Kampf gegen die Wegwerfgesellschaft nicht viele gute Gründe, auch den Kleiderschrank des Mannes, Freundes, Liebhabers, Bruders, Sohnes oder Vaters zu plündern? Okay, wir können es natürlich auch ganz profan als Aufräumaktion deklarieren. Da wir meist sowieso dem Multitasking verfallen sind, läuft es sicherlich eh darauf hinaus. Und außerdem gibt es große Vorbilder: Denn selbst Coco Chanel bediente sich an den Kleiderschränken ihrer Liebhaber.

Fingerhut, Nadel und Knöpfe – das Rüstzeug für die Kleiderveredelung.

Wohin das führte, bedarf eigentlich keiner Erklärung mehr. Sie inszenierte beispielsweise grobe Männer-Tweedjackets mit Gürtel – und kreierte so ihren eigenwillig androgynen Look, mit dem sie eine neue Ära einläutete.

Schauen Sie bei den aussortierten Teilen, welche noch Potenzial haben und sich verändern lassen. Bei den Kleidungsstücken, die komplett herausfallen, sollten Sie abwägen, welche Details sich noch weiter verwerten oder zweckentfremden lassen (Knöpfe, Zierbroschen, Manschetten, Taschenriemen, Schmuckverschlüsse, Kragen etc.). Natürlich sollte der zu betreibende Aufwand im Verhältnis zum voraussichtlichen Resultat stehen und das gerettete Detail sich ordentlich verarbeiten lassen. Dafür gilt es – möglichst realistisch – einzuschätzen, wie geschickt Sie sind.

Ansatzpunkte für Ihre »Kleider-Rettungsaktion« gibt es viele – wie die folgenden Beispiele zeigen:

Das sündhaft teure Abendkleid mit Korsage, bei dem Ihnen nur der Hofstaat fehlt, um sich wie Kaiserin Sissi zu fühlen: Machen Sie einen klaren Cut. Aus einmal antiquiert lässt sich nämlich zweimal Fashionista-It-Pieces machen. Ein knielanger Petticoat (zur Bikerjacke) und eine Korsage (zur punkigen Jeans) könnten die neuen Highlights im Schrank werden.

Ein Kleid, das zu puristisch erscheint, lässt sich durch eine Taillierung, Raffung, Kürzung der Ärmel oder der Rocklänge stilverändernd aufpeppen. Mit Spitzeneinsätzen und edlen Ziereffekten lässt sich unkompliziert ein Style-Upgrade zaubern.

Der Pencil-Skirt, der zu lang ist und Sie wie eine Gouvernante wirken lässt: Eine asymmetrisch zugeschnittene Frontpartie oder ein schräg verlaufender Schlitz bringen Spannung und verändern den Stil. Je nach Geschicklichkeit können Sie die Näharbeiten der Schneiderin des Vertrauens überlassen.

Auch mit Patchwork kann man Textilen neues Leben einhauchen und seinen Look fantasievoll und unkonventionell gestalten.

Die alte Jeansjacke verträgt ein wenig Bling-Bling.

Die in die Jahre gekommene Jeansjacke erhält mit Samt oder Satin am Kragen und ein paar Strass-Steinchen einen unschlagbaren Glamour-Faktor.

Die Lieblingsjeans, bei der die Auswaschung nicht mehr angesagt ist: Chlorreiniger zum Bleichen oder Goldfarbe entweder großzügig mit einem Schwamm oder künstlerisch mit dem Pinsel akzentuiert aufgetragen, schafft spannende Effekte. Auch Flicken, Nieten, Strass-Steine oder Abschürfungen bzw. Löcher können der Jeans einen neuen Style verschaffen.

Der Blazer, der Sie wie eine Bodybuilderin erscheinen lässt: alte massive Schulterpolster raus – neue leichte rein. Drapiert man dann noch lässig mit einem Gürtel die Taille und stellt den Kragen auf, wirkt der Look cool und sophisticated.

Es spricht wirklich nichts dagegen, **Omas Pelzmantel** noch einige spektakuläre Auftritte zu verschaffen. Falls der ganze Mantel Sie jedoch erschlägt, erwägen Sie viel-

Auch wenn es Überwindung kostet, die Schere anzusetzen: Die Einzelteile eines Pelzmantels können spannende Details einer neuen Garderobe werden.

leicht besser, eine Jacke, eine Stola, einen Schal oder eine Weste aus dem guten Stück zu machen. Auch die Ärmelenden an einem anderen Mantel als Umschlag aufzunähen kann sehr edel wirken. Testen Sie jedoch, bevor Sie loslegen, ob Reinigungsbedarf besteht. Die Kosten und der eventuelle Qualitätsverlust können den Reiz an der Operation »Pelz-Revival« deutlich mindern.

Das T-Shirt, das zu langweilig erscheint: Stibitzen Sie die Malschablonen Ihrer Kinder, Nichten oder Neffen und malen Sie mit Textilfarbe drauflos! Vielleicht entfalten Sie ja auch ohne Vorlage künstlerisches Potenzial – beispielsweise mit Batikmustern. Dafür das T-Shirt knoten, drehen (wringen), schnüren und dann einfach färben oder bleichen. Außerdem lässt Jersey sich gut schneiden. Sollte der Hals- oder Ärmelausschnitt zu klein sein oder es Ihnen nach mehr Sex-Appeal gelüsten: nur zu! Solange Sie die Nähte fixieren, kann es nicht gefährlich werden – es sei denn, Sie wollen es!

Der Feinstrickpulli, der zu klassisch wirkt: Mit Flockfolie lassen sich spielend leicht Motive auf Textilien auftragen. Einfach auf der Papierseite das Muster vorzeichnen, es anschließend ausschneiden und dann aufbügeln (Temperatur beachten!).

Der Männerpulli, den der Allerliebste sowieso nicht trägt: Testen Sie, ob er sich krempeln, raffen oder mit Gürtel tragen lässt. Mehr Spannung erzeugt man, indem man mit der Schere den Ausschnitt vergrößert. Wichtig: Bei der Maschenware das Versäubern, also das Sichern des Gewebes gegen Ausfransen, nicht vergessen.

Die Bluse, mit der Sie wie eine Klosterschülerin anmuten: Textilfarbe, Zahnbürste, Sieb und los. Mit Spritzeffekten zaubern Sie einen neuen Look. Brav war gestern!

Die Tunika, die zu langweilig erscheint: Stickereien, Aquamarin- oder Korallen-Applikationen verleihen dem Figurschmeichler eine verspielte Note. Horn- oder Holzperlen eignen sich für den Ethno-Look.

Das Potenzial der Zweckentfremdung

Häufig ist einem gar nicht bewusst, welch ein Mehrwert in einem Textil oder Accessoire steckt. Wie beispielsweise in einer Tasche: Mit dem Taschenriemen meiner Chloé-Tasche konnte ich mich einmal aus einer großen Verlegenheit retten. Als ich für ein Seminar angereist war und meinen schwarzen Gürtel vergessen hatte, verhalf mir der Taschenriemen zu einer guten Improvisation und diente kurzerhand als schicker Gürtelersatz in meinem ansonsten biederen Businessoutfit. Tücher bieten ähnliche Zweckentfremdungsmöglichkeiten.

Aber es geht auch bodenständiger: Eine meiner Freundinnen zieht es regelmäßig in den Baumarkt. Sie kauft Unmengen an Kupferringen, um sie mit Kleber, Strass und Glitzer in außergewöhnliche Solitäre zu verwandeln.

Dem Look die eigene Handschrift, eine Signatur zu geben entspricht dem Zeitgeist und trägt zur Individualisierung bei. Weitere Inspiration dafür gibt es auf honestlywtf.com, psimadethis.com oder garancedore.com.

In den letzten Jahren hat sich ein neuer Begriff durchgesetzt – es geht um das sogenannte »Upcycling«. Die Idee dabei ist es, die Welt mit anderen Augen zu sehen und Gegenständen eine neue Bestimmung zuverleihen. Ein Beispiel: Bunte Espressokapseln werden in Modeschmuck verwandelt. Ein schöner Plan, der zur Nachahmung aufruft.

Viel Vergnügen!

Die kleinen, feinen Helfer: Wertvolles aus Bastelladen und Baumarkt!

Das Gute: Im Bastelladen maßlos zu shoppen führt selten zur Reue, da es kaum gelingt, die Kreditkarte – sofern sie überhaupt akzeptiert wird – tatsächlich zum Glühen zu bringen. Zum Aufpeppen und Veredeln lassen sich folgende Utensilien gut verwenden: Satin-/Schleifen-/Samt-/Lederband in leuchtenden Farben, Gold- oder Silberspray, Textilfarbe, Strass-Steinchen, Pailletten, Nieten, Textilkleber, Schleifstein, Sicherheitsnadeln, Zierknöpfe, Raffband, Perlen, Flockfolie (Bügelfolie), Schablonen, Schnittmuster und doppelseitiges Klebeband. Viele der oben aufgeführten Zutaten befinden sich häufig auch in Sammelschubladen oder Restekisten. Sofern man eine Nähmaschine wirklich benötigt, kann diese gegebenenfalls ausgeliehen werden. Viel Potenzial besitzen aber auch alte Nagellacke, Reserveknöpfe, Ausbesserungsstoffe und der sagenumwobene »Karnevalsschnickschnack« – man ahnt gar nicht, was alles verwendbar ist.

DER BUSINESS-DRESSCODE MUSS KEINE UNIFORMIERUNG SEIN. BIEDER, LANGWEILIG, FARBLOS – DAS WAR EINMAL.

Auftreten im Beruf

Christine Lagarde, die Direktorin des Internationalen Währungsfonds, beherrscht es wie keine andere: den Business-Dresscode feminin zu inszenieren – ohne uniformiert zu wirken. Die elegante Französin mit den aristokratisch anmutenden Gesichtszügen hat sich binnen kürzester Zeit international Respekt verschafft. Unumstritten verfügt sie – neben der Kompetenz für ihr Mandat – auch über Charisma. Scheinbar mühelos bildet sie eine Einheit zwischen innerer Haltung und dem äußeren Erscheinungsbild. Stilbewusst und formvollendet – mit einem anerkannt souveränen Auftreten –, verleiht sie ihrem Amt und sich das gebührende Ansehen.

Der Effekt formeller Bekleidung wird bei uns gern unterschätzt. Dass man mit klassischer Garderobe mehr Professionalität ausstrahlt, ist vielen Frauen nicht bewusst. Doch »Kleider machen Leute!« ist eine Weisheit, die nach wie vor ihre Berechtigung hat. Angemessene, wertige Kleidung kann ein Synonym für gute Umgangsformen und einen gehobenen Status sein. Durch ihre Sichtbarkeit wirkt diese Form der nonverbalen Kommunikation zudem schon auf großer Distanz. Assoziationen – gerechtfertigt oder nicht – sollte man sich bewusst und zunutze machen, wenn man ambitioniert ist und Ansprüchen, nicht zuletzt an sich selbst, genügen möchte. Im Berufsleben bekommen wir nur bei einer aktiven Bewerbung mit, ob uns eine andere Person im Wettbewerb um eine Position vorgezogen wurde. Treten zwei Mitbewerber mit gleichwertigen Qualifikationen, aber stark abweichendem Auftreten inoffiziell intern gegeneinander an, entscheidet sich der Chef in der Regel für die Person, die auch aufgrund ihres Erscheinungsbildes überzeugt. Dies ist leicht nachvollziehbar. Generell gilt die Erwartungshaltung: Je konservativer das Unternehmen, desto klassischer der Kleidungsstil der Angestellten.

Christine Lagarde setzt neue Maßstäbe. Grau und langweilig – das gibt es bei ihr nicht. Mit französischem Chic kreiert sie ihren Spielraum innerhalb des Business-Dresscodes.

The Dress to Impress

In vielen Unternehmen werden Dresscodes nicht mehr kommuniziert. Vorschriften gibt es nur noch wenige. Doch mehr Freiheit heißt zuweilen auch mehr Unsicherheit. Komfortable Kleidung führt nicht automatisch zum Wohlfühl-Faktor – insbesondere wenn man sich in einer Situation befindet, in der das Gegenüber deutlich besser gekleidet ist. Über eine wertige Grundausstattung zu verfügen und die geltenden Kleiderregeln zu kennen und zu berücksichtigen kann sich als profitabler Wettbewerbsvorteil herausstellen. Selbst charmante Improvisationen sehen dann nicht nach Notlösungen aus. Überdies ist man mit der angemessenen Garderobe weniger abgelenkt und kann sich auf das Wesentliche konzentrieren.

Aus dem Business Casual zu schließen, es gäbe eine »Kleider-Anarchie«, wäre töricht. Denn es gibt ungeschriebene Gesetze, die man beachten sollte, wenn man seinen Status im Unternehmen festigen bzw. verbessern möchte. Generell gilt: Kleiden Sie sich nicht für die Position, in der Sie sich befinden – kleiden Sie sich für die Hierarchie, die Sie anstreben.

Für Führungseliten gilt: durch Leistung aus der Menge herausstechen – weniger durch die ausgefallene Garderobe.

Bei Präsentationen, Kundenmeetings und wichtigen offiziellen Verpflichtungen profitieren Führungskräfte von einem »Look-Tuning« mit Elementen des klassischen Dresscodes. Damit man sich jedoch nicht verkleidet fühlt, ist es klug, seinen Stil zu individualisieren und dem Outfit eine persönliche Note zu verleihen. Auch im Privatleben können Sie mit den Elementen des Business-Dresscodes eleganter auftreten. Das Stil-Upgrade wirkt wie eine Image-Aufwertung, die Ihnen unversehens – auch wenn Sie sicher nicht darauf angewiesen sind – eine vertrauenswürdige Ausstrahlung zaubert, da sich der Wahrnehmungseffekt der Stereotypisierung nur schwer abschalten lässt.

TIPP: Vor Ihrem nächsten Shopping-Ausflug sollten Sie sich deshalb folgende Fragen stellen: Fühlen Sie sich durch einen Dresscode grundsätzlich eher eingeschränkt oder unterstützt? Gab es für Sie schon Situationen, in denen Sie sich unwohl fühlten, weil Sie unangemessen gekleidet waren? Hat Ihr Auftreten oder Ihre Leistung darunter gelitten? Wie wichtig ist Ihnen der Aspekt der Funktionalität an Ihrem Outfit? Welchen Anforderungen muss die Garderobe standhalten?

Klassische Bekleidung in einer hochwertigen Qualität bleibt Ihnen lang erhalten. Mit modischen Accessoires ist sie vielseitig einsetzbar und wandelbar. Setzen Sie auf Farbakzente, um dem Look Leben einzuhauchen. Und keine Sorge – klassisch bedeutet nicht konservativ.

Elegante Accessoires werten den Business-Dresscode auf.

Fünf Gründe für den klassischen Business-Dresscode

1 Sie strahlen mehr Seriosität und Autorität aus.

2 Sie entsprechen den Erwartungshaltungen Ihrer Geschäftspartner – oder übertreffen sie.

3 Sie signalisieren Respekt und Wertschätzung gegenüber Arbeitgeber und Kunden. Sie repräsentieren das Unternehmen, aber auch sich selbst!

4 Sie wirken souveräner und werden es damit auch. Bekleidung kann als Verstärker dienen, zum Beispiel in Situationen, in denen man Druck standhalten muss.

5 Sie sind Ihren Mitbewerbern optisch ebenbürtig – oder überlegen.

Die wichtigsten Dresscodes

1 **BUSINESS KLASSISCH** Dieser ist wichtigen Geschäftsterminen, Messen sowie formellen Einladungen vorbehalten. Gemäß der Erwartungshaltung in den Führungsebenen deutscher Unternehmen setzt er sich wie folgt zusammen:

Das klassische graue Kostüm kann eine gute Investition sein.

KOSTÜM (Rock und Blazer) **ODER HOSENANZUG**. Das Design, die Passform und das Material (auch des Futters) sind hierbei sehr wichtig. Als Oberstoff empfiehlt sich Schurwolle. Baumwolle wirkt sportiver und sollte wegen der Knitterempfindlichkeit sowie der größeren Formbeständigkeit nur mit einem Elasthananteil gewählt werden. Leinen ist zu leger. Farben wie Blau, Anthrazit und Beige wirken seriös, sind jedoch keine Vorschrift mehr – Frauen dürfen eher Farbe bekennen (lesen Sie dazu meine Empfehlungen im Kapitel »Die Macht der Farben«). Nadelstreifen, Fischgrat, Glencheck sowie Jacquard-Strukturmuster verschaffen dem Look Abwechslung.

Die Rocklänge sollte nicht kürzer als knieumspielend sein. Mit einem Pencil-Skirt befinden Sie sich für nahezu jede Gelegenheit auf der sicheren Seite.

EIN KONFEKTIONIERTER BLAZER Mit leichten Schulterpolstern verleiht dieser Format – und optimiert die Körperform. Möchten Sie klassisch korrekt auftreten, knöpfen Sie den Blazer im Stehen zu und lassen dabei den untersten Knopf offen. Empfehlenswert ist eine körpernahe Silhouette. Kombinieren Sie eine weite Marlene-Hose nicht mit einer geräumigen langen Jacke – sofern Sie nicht Gefahr laufen möchten, unförmig zu wirken. In kürzeren Blazerformen wirkt man meist dynamischer als in längeren Varianten, die mitunter schon die Beinfreiheit einschränken. Für eine gute Grundausstattung empfehle ich Ihnen zum Einstieg drei qualitativ hochwertige Kombinationen.

BLUSE Je ausgearbeiteter der Kragen der Bluse, desto geschäftsmäßiger wirken Sie. Sollten Sie eher zu einem kürzeren Hals tendieren, können Sie den Kragen gern über das Revers legen. Batist-, Oxford- und Popeline-Stoffe aus merzerisierter Baumwolle bieten neben guten Trageeigenschaften auch eine edle Optik. Für einen femినineren Look empfehle ich fließende Materialien wie Seide, Viskose oder Mikrofasern. Vorsicht mit sehr markanten Prints, wie beispielsweise grafische Muster, Polka Dots oder kontrastreiche Floraldrucke. Sie ziehen meist zu viel Aufmerksamkeit auf sich. Als Alternative zur Bluse sind auch elegante Tops oder T-Shirts unter dem Blazer sehr gefällig.

KLEID Ideal sind unterfütterte Etui- oder Mantelkleider. Bei Jersey-Varianten immer auf eine gute Stabilität und Formbeständigkeit achten. Ein Kleid sollte nicht zu verspielt wirken (beispielsweise durch Rüschen, Volants oder Muster) und Sie keinesfalls in Ihren Bewegungen einschränken. Ist eine durchgehende Knopfleiste vorhanden, rate ich Ihnen vor Ihrer Kaufentscheidung unbedingt zu einem Sitz-Test. Es kann ungemein irritieren, wenn man in einem tiefen Sessel Platz nehmen muss, während der Schlitz des Kleides an eine Stelle wandert, die kaum noch zu bedecken ist. Ein persönlicher Erfahrungswert, auf den ich gern verzichtet hätte …

Durch farbintensive Accessoires wirkt der Businesslook weniger streng.

Grundsätzlich gelten folgende »ungeschriebenen« Gesetze Ein tiefes Dekolleté sowie bauch- und schulterfreie Oberteile sollten vermieden werden. Als Orientierung für die Ausschnitt-Tiefe kann der Achselhöhlenansatz dienen. Transparenz und zu enge Passformen sind ebenfalls kritisch zu betrachten, wenn man seriös auftreten möchte. Es gibt keine Rechtfertigung für einen Rückschluss auf mangelnde Kompetenz – doch solange es noch Frauen gibt, die ihre erotische Ausstrahlung einsetzen, um die Karriere voranzutreiben, riskiert man, mit aufreizender Kleidung ähnlich wahrgenommen zu werden. Außerdem ist nicht auszuschließen, dass unterstellt wird, es müsse von Defiziten abgelenkt werden. Mit den Reizen zu geizen heißt jedoch nicht, dass Sie Ihre Weiblichkeit verleugnen sollen.

Vorsicht ist auch bei niedrigen Hüfthosen, sichtbaren Reißverschlüssen und allem, was Irritationen hervorrufen kann, geboten. Das menschliche Auge reagiert stark auf Kontraste – ein Blickfang an ungünstigen Zonen des Körpers kann gerade bei strategischen Gesprächen kontraproduktiv wirken.

Seidenstrümpfe sind Pflicht und sollten sich – sofern sie nicht transparent sind – farblich am Rocksaum orientieren. Je blickdichter oder stärker gemustert das Gewirke ist, desto sportlicher und eventuell auch freizeitorientierter wirkt das Beinkleid. Bei einer Hose sollte ebenfalls kein nacktes Bein sichtbar sein. Dies gilt auch für die Sitzposition.

Ihre Schuhe sollten maximal sechs Zentimeter Absatz haben, die Zehen nicht sichtbar sein. Stiefel sind nicht in jeder Branche gern gesehen, die Toleranz ist jedoch gestiegen. Der Schuh sollte nicht zu derb sein und keine abgelaufenen, abgestoßenen Absätze haben. Glattleder wirkt dabei eleganter als Velourleder. Für einen harmonischen Gesamteindruck stimmen Sie die Farbe und das Material der Schuhe mit dem Gürtel und auch der Tasche aufeinander ab.

Tragen Sie maximal fünf dezente Schmuck-Accessoires. Eine goldene Regel, die verstanden werden muss. Bewerten Sie klassischen Schmuck wie beispielsweise Brillant-Ohrstecker anders als auffällige Creolen. Achten Sie darauf, niemals überladen zu wirken.

Markanter Schmuck lenkt zuweilen von der Persönlichkeit ab – kann bei einem sehr zurückhaltenden Outfit hingegen ein echtes Highlight sein. Brillenträger wissen, dass ein massives Brillengestell mitunter einen ähnlich ablenkenden Effekt erzielt. Im Kapitel »Der perfekte Look« erfahren Sie mehr über die Wirkung der unterschiedlichen Designs. Ein schlichter Gürtel wirkt anders als einer mit Schmuckschließe oder gar mit Nietenverzierung (die im klassischen Business-Dresscode generell problematisch ist). Fein geprägt oder geflochten in roter Farbe zum grauen Etuikleid – so wird der Gürtel zum Statement. Das klassische Seidenkarree in leuchtenden Farben ist immer eine gute Investition, denn es lässt sich mit etwas Raffinesse auch als Eyecatcher wunderbar zweckentfremden.

Ein edler Schal, gern auch mit Animal-Print lässig getragen, kann Ihrem klassischen Outfit eine sympathisch verwegene Note verleihen. Beuteltaschen oder Rucksäcke erwecken einen eher legeren Eindruck. Die Laptoptasche, Tablethülle oder Schreibmappe aus einem edlen Leder kann Ihren Gesamtlook subtil aufwerten. Mit exklusiven Schreibutensilien – einem eigenen Füller oder Kugelschreiber – drücken Sie Wertschätzung für einen Vertragsabschluss aus. Gute Accessoires sind ein wahres Stilbekenntnis.

Wählen Sie ein dezentes Make-up. Die Augen oder den Mund zu markant zu betonen ist nicht in jeder Branche gern gesehen. Achten Sie bei Ihrem Parfüm darauf, dass der Duft leicht und unaufdringlich ist und Ihnen weder vorauseilt noch nachhängt – also erst ab Abstand von einer Armlänge wahrnehmbar ist. Ihre Fingernägel sollten gepflegt – und bitte ohne Design – sein. Eine sichtbare Achsel- und Beinbehaarung sollte natürlich auch vermieden werden. Piercings und Tätowierungen sind bedeckt zu halten.

Lange Haare gelten als sehr weibliches Attribut. Locken können verführerisch oder verspielt wirken.

Das Styling muss nicht langweilig und angepasst sein.

Die Frisur sollte für wichtige Termine »gezähmt« sein. Mit Kurzhaarfrisuren demonstrieren Sie Selbstbewusstsein und Durchsetzungsvermögen. Dieser Effekt wird bei langen Haaren mit schlichten Hochsteckfrisuren bewirkt. Glatte Haare können ein rationelles Image unterstreichen – insbesondere dann, wenn sie streng nach hinten gebunden sind (autoritäre Wirkung).

Die Geheimcodes der Businesswelt sind nicht leicht zu entschlüsseln. Arbeitskollegen oder Branchen-Mitbewerber können der Orientierung dienen – müssen aber nicht. Erkennen Sie grundsätzlich den Status Ihres Gegenübers an. Tragen Sie beispielsweise deutlich exklusivere Kleidung als Ihre Kunden oder eine offensichtlich teurere Uhr als Ihre Vorgesetzten, kann sich das nachteilig für Sie auswirken. Dennoch ist im Zweifel ein Overdressing cleverer als ein Underdressing, da man Letzteres als Beleidigung werten könnte.

2 **BUSINESS AUFGELOCKERT (semiformal)** Dieser Dresscode klingt legerer, als er tatsächlich ist. Es werden auch hier im hohen Management Kostüm, Hosenanzug oder Kleid erwartet. Intern wird ebenso eine gut aufeinander abgestimmte Blazer-Kombination akzeptiert.

Im mittleren Management dürfen Sie statt Blazer auch eine Strickjacke tragen. Strickwaren sollten Sie nur in der Feinstrickvariante wählen. Leichte Pullover können Sie durchaus unter Jacken tragen, solange sie nicht den Sitz der Jacke beeinträchtigen. Für inoffizielle Gelegenheiten eignet sich auch ein Twinset. Besonders empfehlenswert: feines Kaschmir und Merinowolle. Dreiviertelhosen sind für die Freizeit gedacht. Alternativ können Sie eine elegante Baumwollhose mit einem Twinset oder einem gut sitzenden, fein gestrickten Pullover tragen. Hochwertige Schuhe und wertvolle Accessoires sind für den Semiformal-Look stilprägend. Durch edle Details demonstrieren Sie als Führungskraft Erfolg und Kompetenz.

Weitere Abstufungen nach Positionen wie »Executive Business« und »Basic Business« finden in der Praxis nicht statt und werden somit auch nicht vorausgesetzt.

3 **BUSINESS CASUAL** Casual ist nicht gleich casual. Obwohl das Wort »lässig« als Dresscode vermuten lässt, hat die Bekleidung wenig mit unserer Freizeitkleidung zu tun. So sind in konservativen Unternehmen Jeans nach wie vor unerwünscht, in einer dunklen Ausführung – ohne Vintage- oder Used-Auswaschungen – hingegen in vielen kreativen Branchen längst akzeptiert und etabliert. Poloshirts, Blusen, Strick-, Baumwoll- oder Kaschmirpullover, Twinsets und Chinos sind im Business Casual gern gesehen. Sie können offene Schuhe tragen, zum Beispiel elegante Sandaletten oder Peeptoes. Auch hier weiterhin tabu: kurze Röcke, Spaghettiträger-Tops, schrille Farben, Pailletten, Strass, Shorts und Sneakers.

In kreativen Berufen darf der Kleidungsstil lässiger sein – insbesondere wenn die Klientel komplett auf einen Dresscode verzichtet.

4 **COME AS YOU ARE** Eine Aufforderung, die Verwirrung stiftet. Ein Dresscode ist nämlich erwünscht. Da es sich bei den entsprechenden Veranstaltungen um Events handelt, die unmittelbar nach Feierabend stattfinden, lässt man jedoch weniger Strenge

walten. Wörtlich zu nehmen ist »Come as you are« dennoch nur für Personen, die bereits mit angemessener Kleidung im Büro erschienen sind. Tabu sind Miniröcke, Turnschuhe und tief dekolletierte Oberteile.

5 **DRESSY CASUAL** Erwartet wird ein eleganter Abendlook. Kleiden Sie sich gern femininer als am Tag. Ein stilvoller, fließender Rock oder auch das kleine Schwarze sowie filigraner Schmuck können mit einem Hauch von Lässigkeit getragen werden. Mit High Heels, Pumps oder eleganten Ballerinas vollenden Sie Ihren Dressy Casual.

6 **SMART CASUAL** Wird meist bei einer Einladung zum Abendessen vorausgesetzt. In einer eleganten Hose oder im Rock kombiniert mit einer fließenden Bluse zum Blazer machen Sie garantiert eine gute Figur. Raffinierter Schmuck perfektioniert den Look.

Abends steht noch das Dinner in einem eleganten Restaurant an? Kein Problem. In diesem Outfit entsprechen Sie dem Smart Casual und beeindrucken die Geschäftspartner gleichermaßen wie den Chef.

Die richtige Attitüde

»Strike a Pose!« – zugegeben, was für den Chefengel bei VICTORIA'S SECRET gilt, erscheint Ihnen ganz zu Recht etwas weit hergeholt. Auch sehe ich Vorbilder in dieser Liga als gefährlich an. Aber ich möchte eine Brücke schlagen: Was den Engelchen auferlegt wird – nämlich Haltung einzunehmen –, dürfte bei der einen oder anderen Leserin, so hoffe ich, Kindheitserinnerungen wachrufen ... »Steh gerade, Kind!« – vielleicht haben auch Sie die mahnenden Worte der Eltern noch im Gedächtnis. Obwohl uns diese verbale Erinnerungshilfe nur selten erfreut hat, wissen wir heute: Der Rat, Haltung einzunehmen, hatte durchaus sein Gutes.

ATTITÜDE HEISST HALTUNG

Häufig ist es ein schleichender Prozess, wir sitzen am Schreibtisch, der Rücken wölbt sich. Die einseitig belastete Muskulatur verspannt sich – Nacken und Schultern schmerzen. Befinden wir uns im Stand, nehmen wir leicht die Haltung eines Fragezeichens ein. Ohne es zu merken, sacken wir in uns zusammen, als hätten unsere Schultern zentnerschwere Lasten zu tragen. Der Bauch wölbt sich heraus, das Kinn entwickelt Wachstumspotenzial zum Doppel-, vielleicht auch Dreifachkinn. Definitiv gibt es vorteilhaftere Posen. Einige Fehlhaltungen sind sehr individuell. Frauen mit starker Oberweite haben es aufgrund der Gewichtsverhältnisse im Oberkörper schwerer, einen Rundrücken zu vermeiden. Mitunter trägt auch in der Pubertät entwickeltes Schamgefühl dazu bei, dass die Schultern unbewusst vorgezogen werden. Große Menschen nehmen diese Fehlhaltung leicht in Gesprächssituationen an, in denen sie ihrem Gegenüber das Aufblicken ersparen und ihm physisch entgegenkommen möchten. Eine aufrechte

Mit der richtigen Attitüde strahlt man Selbstbewusstsein aus – mit der falschen (Haltung) wirkt man unsicher.

Körperhaltung erfordert Disziplin, und die kommt uns durch die vielen Ablenkungen des Tages natürlich leicht abhanden. Diesem Thema in einer Stilbibel Bedeutung beizumessen mag zunächst zu Verwunderung führen. Ich behaupte jedoch mit voller Überzeugung, dass es aus vielerlei Hinsicht sinnvoll ist. Denn Attitüde (alternativ auch Attitude) ist der eigentliche Schlüssel für unsere Ausstrahlung – unsere Persönlichkeit isoliert wahrzunehmen gelingt kaum.

Das Outfit kann teuer und stilvoll sein – wenn der Ausdruck nicht stimmt, verpufft die Wirkung. Haltung einzunehmen, das kann man sich gar nicht oft genug ins Gedächtnis rufen. Dabei hat die berühmte Ballettpose, bei der ein imaginärer Faden am Oberkopf unser Kinn leicht anheben soll und uns streckt, das stärkste optische Potenzial. Ein gerader Stand lässt uns schlanker erscheinen und schenkt uns bis zu zwei Zentimeter »Extra-Größe«. Unsere Kleidungsstücke wirken in einer aufrechten Körperhaltung natürlich passender und sogar konfektionierter als in einem gekrümmten oder vorgebeugten Stand. Das Doppelkinn – sofern vorhanden – tritt sichtbar zurück. Wir werden jünger wahrgenommen – der Blick auf Augenringe fällt schwerer. Durch unsere Körperspannung vermitteln wir mehr Selbstbewusstsein und wirken wesentlich dynamischer. Man strahlt die Power nicht nur aus, es findet eine Rückkopplung statt.

Eine sechzigjährige Frau mit Körperspannung hat häufig mehr Ausstrahlung als eine hübsche vierzigjährige eingesunkene Frau ohne jede Dynamik. Auch modisch kann sie mit ihrer Haltung mehr Ausdrucksmöglichkeiten haben und selbst in sehr jugendlicher Kleidung stimmiger wirken.

Maximale Ausstrahlung.

Eine aufrechte Körperhaltung erfordert natürlich mehr Energie. Das erfreuliche Paradoxon: Wir erleben diesen Aufwand weniger als energieraubend, sondern vielmehr als eine Art Booster, der uns pusht – und dürfen ihn damit sogar als Training verbuchen. Experten sind sich einig, dass wir in dieser Haltung aufgrund der verbesserten Sauerstoffzufuhr im Körper mehr Konzentration und Ausdauer entwickeln. Lunge und Herz werden geweitet, Blockaden können sich lösen. In einem Vorstellungsgespräch oder bei einem wichtigen Termin sollte man sich unbedingt darauf besinnen.

Mit einer optimistischen Kopfhaltung gelingt es uns auch nicht, anhaltend traurig oder niedergeschlagen zu sein. Durch die Wechselwirkung zwischen Körpersprache und Psyche hebt sich unsere Stimmung. Ein Effekt, den man sich auch in der Behandlung depressiver Menschen zunutze macht. So raten einige US-amerikanische Therapeuten Patienten mit Depressionen zum Tragen einer Halskrause. Da Betroffene häufig schwermütig zu Boden blicken, erleichtert man ihnen mit dieser Stütze das »Kopf hoch!«.

Natürlich kann man jetzt einwenden, dass dies doch eher ein Selbstbetrug sei. Und es stimmt, zunächst ist es eine Manipulation, aber Körper und Seele haben das Bestreben, in Einklang zu kommen. Die Psyche stellt sich mit der Zeit auf den Körper ein. Zweifel? Dann haben Sie hier die Vorlage für einen Selbsttest!

Eine kleine Übung zum Status. Leben Sie Ihren richtig?

Testen Sie den Tiefstatus Gehen Sie in einer belebten Fußgängerzone mit ausweichendem Blickkontakt, nach innen ausgerichteter Fußhaltung, gesenkten Schultern und mit auf den Boden gerichtetem Kopf fünfzehn Minuten auf und ab.

Und nun den Hochstatus Gehen Sie in einer belebten Fußgängerzone mit intensiv haltendem Blickkontakt, leicht nach außen gerichteter Fußhaltung, zurückgezogenen Schultern und mit erhobenem Haupt wie durch Ihr ureigenes Revier fünfzehn Minuten auf und ab.

Wie geht es Ihnen nach dieser Übung? Wie reagierten Passanten? Wurden Sie angestoßen, oder wich man Ihnen aus? Diese Übung verdeutlicht die Interdependenzen und die Beeinflussbarkeit der Reaktionen anderer Menschen. Dass unser Umfeld positiv oder negativ auf uns reagiert, beziehen wir nur selten auf unsere Haltung.

Attitüde im Job ist ein Erfolgsfaktor. Sie wird gleichgesetzt mit Rückgrat und Verlässlichkeit. Sie vermittelt, dass sich Professionalität mit Menschlichkeit paart. Sie drückt Selbstbewusstsein nicht nur durch einen abgestimmten Kleidungsstil, sondern ebenso durch die angemessene Körpersprache zur ausgereiften Grundeinstellung aus. Dabei lautet die Faustregel: Wie innen, so außen.

ATTITÜDE HEISST EINSTELLUNG

Bisweilen ist es wichtig, innezuhalten, kostbare Augenblicke zu genießen und seine innere Ruhe zu finden.

Mitunter kostet Attitüde sehr viel Überwindung. Haltung einzunehmen – für etwas geradezustehen – heißt auch, eine Überzeugung zu haben. Uns jedoch darauf zu besinnen, wofür wir stehen und inwiefern sich unsere Einstellung durch hinzugewonnene Weisheiten und Erfahrungen – bewusst oder unbewusst – verändern, verpassen wir aufgrund durchgetakteter Tage und tausend kleiner Verpflichtungen, die an uns zehren, nur allzu leicht. Häufig sind wir darauf angewiesen zu performen. Und das ist – selbst mit dem grundsätzlichen Bestreben, authentisch zu sein – situativ völlig in Ordnung. Solange wir eine bestimmte Grenze nicht überschreiten und uns treu bleiben. Nur, womit bleiben wir uns eigentlich treu?

Wir werden durch unsere Einstellung mental zum Ausrufezeichen, wenn sie proaktiv ist – also aus einer inneren Überzeugung heraus entsteht. Der positive Nebeneffekt: An sich zu arbeiten, Einfluss zu nehmen und sich weiterzuentwickeln lohnt sich auch unmittelbar, denn es setzt Glückshormone frei. Der wesentliche Grund liegt im instinktiv vorhandenen Motivationsprinzip, das uns bei der Ausübung sinnvoller Tätigkeiten beflügelt. Wir wissen längst, wer auf der Stelle tritt, wird unzufrieden und strahlt dies auch aus. Veränderungsprozesse, die über eine Haltungsoptimierung hinausgehen, sollten jedoch wohlüberlegt und niemals aufgezwungen sein – jede Verkrampfung wirkt kontraproduktiv.

Auch mit einer frechen Basta-Einstellung zu einem Makel zu stehen und ihn zum Markenzeichen zu machen kann souveräner und obendrein kesser sein, als verbissen gegen sympathische Unzulänglichkeiten anzukämpfen.

Einen Anspruch an sich selbst haben, ist wichtig – grundsätzlich. Die Erwartungshaltung an sich selbst sollte dennoch realistisch sein.

ATTITÜDE HEISST GEBAREN

Charisma, die reine Gnadengabe – oder vielleicht doch etwas, was man sich »zulegen« kann … »Sie ist das, was man als makellose Schönheit bezeichnet. Sie ist gebildet und sehr eloquent. Sie hat einen guten Job und einen interessanten Mann. Sie heißt ... Ja, wie heißt sie noch mal?« Ich blicke hilfesuchend in die Runde. Stirnrunzeln, verlegenes Schulterzucken. Vergleichbare Erlebnisse kennen Sie vielleicht auch. Menschen, die dem Anschein nach viel zu bieten haben und darstellen, aber dennoch nichts in uns auslösen und in unserem Gedächtnis nicht lang haften bleiben.

Und dann gibt es da diese Menschen – man erwartet zunächst gar nichts von ihnen. Nach der ersten Begegnung jedoch ist man überrascht – es ist etwas übergesprungen. Es wirkt etwas nach: Charisma.

Status und Statussymbole – zu gern lassen wir uns von ihnen blenden. Nicht selten ist jedoch weniger mehr.

Kaum jemand kann sich davon frei machen – Persönlichkeiten, die »überstrahlen«, ziehen uns in den Bann. Teils nehmen wir sie charismatisch wahr, ohne es uns erklären zu können. Denn die Faszination, die ausgeübt wird, entsteht bei ihnen nicht unbedingt durch markante Signale. Im Gegenteil: In ihrem Habitus sind diese Menschen mitunter sehr bescheiden. Sie beeindrucken uns durch ihr dezentes Verhalten. Es sind häufig

»Die Zeit wird kommen, wo man mich so vorstellt: Das sind Michelle Obama und ihr Mann.« Barack Obama, US-Präsident

Personen, die Understatement pflegen und ihn subtil mit einer Prise Humor würzen. Charismatische Menschen sind sehr gefestigt, sie müssen nicht lautstark auf sich und ihr Tun aufmerksam machen. Sie vermitteln Stilsicherheit und verstehen sich in angemessenen Umgangsformen. Charisma lässt sich nicht gezielt antrainieren, denn es kann individuell stark voneinander abweichen. Souverän auftretenden Menschen gestehen wir Charisma eher zu als nervösen, fahrigen Personen. An vielseitig interessierten Persönlichkeiten erleben wir es häufiger als an sehr festgefahrenen passiven Menschen. An attraktiven und intelligenten Menschen glauben wir es häufiger zu entdecken – es muss jedoch nicht so sein. Eines allerdings ist sicher: Charisma, die reine Gnadengabe, ist nicht für jedermann erreichbar. Schade nur, wenn man die Faktoren, durch die es sich manifestiert, vernachlässigt.

TIPP: Besonders wertvoll für den »inneren Smile«: ein breiter Fokus. Denn er öffnet Tore für neue Erfahrungen und eine entspannt Welt-(männische) Haltung.

Erfolgreiche Selbstpräsentation

Unsere nonverbale Kommunikation wirkt schneller, nachhaltiger und überzeugender als das gesprochene Wort. Nicht selten steht sie im Widerspruch zu dem, was man ausdrücken möchte.

Warum es wertvoll ist, sich seiner Körpersprache bewusst zu sein und sie gelegentlich instrumentalisieren zu können:

1 Um sich selbst – trotz Kompetenz und Professionalität – keine Chancen zu verbauen, weil das Auftreten inkongruent ist.

2 Für ein souveränes Auftreten auch unter suboptimalen Bedingungen (fehlende Unterlagen, schlecht ausgestattete Räumlichkeiten etc.).

3 Um bei Nervosität und einer schlechten Verfassung zu funktionieren (z. B. trotz Jetlag Interesse an den Ausführungen anderer signalisieren).

4 Um wichtigen Aussagen mehr Ausdruck zu verleihen, indem man Gesten als positive Verstärker einsetzt.

5 Um »bluffen« zu können. Denn begegnet man Skeptikern, Querulanten oder Menschen mit Vorurteilen, bleibt einem mitunter gar nichts anderes übrig.

Und mal ehrlich … ohne zu bluffen, hätte ich niemals eine Chance gehabt,

meine kleine Stilmanufaktur aufzubauen. Ambitionen allein reichen einem Anfänger nur selten. Allerdings: Einen vom Pferd zu erzählen und einen Esel zu bieten sollte man sich nur leisten, wenn man den Esel zum Galopper hochtrainieren kann! Aus eigener Erfahrung weiß ich: Man verbaut sich Chancen durch Schüchternheit. Menschen, die einem weniger wohlgesinnt sind, nutzen diese Angriffsfläche, um mangelnde Führungsstärke, Überzeugungsfähigkeit und Power zu unterstellen. Und das Fatale: Man glaubt es selbst irgendwann.

Die folgende Liste dient als kleiner Souveränitäts-Check. Sie soll nicht zu einem gekünstelten Auftreten führen, sondern helfen, komplizierte Situationen entspannter zu meistern, weil man sich mit ein wenig Know-how auf der sicheren Seite fühlt.

TYPISCHE KÖRPERSPRACHLICHE MERKMALE

Zeichen für Unsicherheit / Angst / Nervosität

- schlaffer, hastiger Händedruck
- verschwitzte Hände
- versteckte Hände
- beschäftigte, unruhige, vermehrt abwischende Hände
- betende, ringende, ineinander verschränkte Hände
- vor der Brust gefaltete Hände
- verborgene Daumen
- angepresste (Ober-)Arme
- Abwärtsbewegungen der Arme
- angespannter, steifer Nacken
- hochgezogene Schultern/eingezogener Kopf (Pinguin)
- hängende Schultern = Resignation
- s-förmige Körperhaltung
- krumme Rückenhaltung
- verkrampfte Körperhaltung
- jemand macht sich kleiner, ist defensiv
- minimale Gestik, zögerliche Bewegungen = Angst
- fahrige, unkoordinierte Bewegungen, zappelige Gestik = Nervosität
- häufiges Berühren des Halses, des Nackens und der Drosselgrube (natürliche Einsenkung an der Vorderseite des Halses zwischen den Halsmuskeln, der Schultermuskulatur und dem Schlüsselbein) = Beruhigungsgeste

- Sitzen auf der Stuhlkante = Fluchtinstinkt
- in die Stuhllehne gekrallte Finger
- mit den Füßen umschlungene Stuhlbeine
- Flecken im Dekolleté, gerötete Haut
- starre Mimik, gerunzelte Stirn
- ausweichender Blick (blind geborene Kinder bedecken bei Angst die Augen)
- von unten nach oben blicken
- unruhiger Blick, Starren
- zusammengekniffene, blinzelnde, lidflatternde Augen
- angespannte Kiefermuskulatur
- Wangen aufblasen
- Beben der Nasenflügel
- häufiges Schlucken
- zusammengepresste Lippen, eingezogene Lippen
- Lippen lecken, auf Gegenständen kauen
- zittrige, hohe Stimme
- leises Sprechen, Nuscheln, Stottern
- hastiges Sprechen, Silben werden verschluckt
- stockendes Sprechen mit Fülllauten

Zeichen für Distanz/Desinteresse

- beiläufiger Händedruck
- dauerhaft bzw. demonstrativ vor der Brust verschränkte Arme
- hinter dem Rücken verschränkte Arme = Statussignal
- Griff ans Ohrläppchen
- überschlagene Beine – geschlossene Seite weist zum Gesprächspartner
- wenig zugewandte Haltung und Gestik, deutliches Weglehnen
- ein deutlich abgewandtes Bein bzw. abgewandter Fuß – selbst wenn der Oberkörper zugewandt ist
- deutliche Asynchronie
- demonstrative Gesten (Blick auf die Uhr, Brille zusammenklappen, Stift wegstecken)
- ungeduldiges Fußwippen, imaginäres Bremspedal drücken
- zurückgelehntes Sitzen am Tisch
- wenig Blickkontakt
- Naserümpfen
- geschürzte Lippen, zusammengepresste Lippen
- hochgezogener rechter Mundwinkel, hochgezogene Augenbraue
- wenig moduliertes und artikuliertes Sprechen

Distanz lässt sich auch ohne Abstand zu nehmen erzeugen.

Zeichen für Selbstbewusstsein

- fester Händedruck, Blickkontakt – zugewandte Positionierung
- aufrechter Gang, große Schritte durch die Raummitte, Fußspitzen leicht nach außen
- offene Haltung und gute Körperspannung
- leicht angehobenes Kinn
- Schultern entspannt zurück
- präsent sein/Territorialverhalten
- raumeinnehmendes Sitzen (komplette Stuhlfläche, Hände unverkrampft auf der Stuhllehne, dem Tisch oder im Schoß)
- raumeinnehmend gestikulieren oberhalb des Bauchnabels von innen nach außen
- feste Handgelenke
- Hände zum Dach geformt (die »Merkel-Geste«)
- Daumen tendenziell hoch (steht außerdem für hohen Status)
- harmonische Bewegungen
- entspannte Mimik
- lebendiges und dynamisches Agieren
- dem Gesprächspartner zugewandte Haltung (geringer Abstand = Sympathie)
- intensiver Blickkontakt
- offenes und natürliches Lächeln
- klare, ruhige Stimme
- weder zu hohe noch zu tiefe Tonlage
- ausgewogene Stimmmodulation
- gute Artikulation

WICHTIG: Das Dechiffrieren der nonverbalen Botschaften verlangt Erfahrung, da auch situative Beeinträchtigungen und der Kontext berücksichtigt werden sollten. In den körpersprachlichen Signalen können sich Status, Rolle und Erfahrungen einer Person manifestieren. Aber Vorsicht! Es gibt kulturelle, geschlechterspezifische sowie altersbedingte Besonderheiten und Differenzen.

Eine positive Selbstdarstellung zählt zu den wichtigsten Soft Skills im Job.

Zeitgemäße Umgangsformen

Ich bin strikt gegen elitäres, versnobtes, blasiertes und affektiertes Auftreten. Guter Stil bedeutet, »generös« zu sein und über Missgeschicke anderer hinwegzusehen. Ansonsten outet man sich selbst als taktlos. Man sollte mit Formenzwang niemanden brüskieren oder in Verlegenheit bringen. Denn Umgangsformen als ein Ausdruck der Höflichkeit, bei denen das Wohlergehen meiner Mitmenschen im Vordergrund steht, sind geprägt durch Sensibilität für die Bedürfnisse anderer. Man zeigt zudem, welche Bedeutung/Relevanz der Mensch für einen hat. Durch wertschätzende Umgangsformen signalisiert man, dass man jemanden sympathisch findet, ohne es sagen zu müssen. Sich zu verbiegen wäre unsinnig, aber man wird sich nicht untreu, wenn man sich auf sein Gegenüber einstellt. Man zeigt eher, dass man einfühlsam – vielleicht auch facettenreich ist. Seinen Mitmenschen durch seine Umgangsformen entgegenzukommen zeugt von Respekt

DER KLEINE SPEISE-GUIDE

1 *Beim Besteck beginnt man von außen nach innen. Für jeden Gang nimmt man eine neue Gabel und ein neues Messer. Der Dessertlöffel bzw. das Dessertbesteck ist über dem Teller eingedeckt. Links vom eigenen Gedeck befindet sich der Brotteller.*

2 *Bei Gläsern gilt: Starten Sie von rechts nach links. Das Wasserglas ist rechts außen positioniert. Langstielige Gläser werden stets am Stiel angefasst. Vor dem Trinken tupft man sich den Mund mit der Serviette ab, die ansonsten mit dem Knick in Richtung Knie auf dem Schoß ausgebreitet liegt.*

3 *Brot und Butter sind eine Ergänzung zur Vorspeise. Brot wird nicht geschnitten, sondern in mundgerechte Stücke gebrochen und dann mit Butter bestrichen.*

4 *Das früher übliche »Guten Appetit« wird nicht mehr gewünscht – eine Regel, die man gern ignorieren darf.*

5 *Benutztes Besteck sollte den Tisch nicht mehr berühren und damit auch nicht am Tellerrand abgestützt werden.*

6 *Zu Fingerfood gehört immer eine Extra-Serviette und eine Fingerschale (gern mit Zitrone) – ansonsten kommt das Besteck zum Einsatz.*

7 *Vermeiden Sie das Vorwürzen von Speisen, bevor Sie davon gekostet haben.*

und Sensibilität. Je fremder die Person und je offizieller der Anlass, desto wichtiger sind zunächst die Umgangsformen.

Gute Manieren stehen auch nicht im Widerspruch mit einem lockeren ungezwungenen Verhalten. Eigentlich ist eher das Gegenteil der Fall, denn sie verschaffen Spielraum – der Schalk im Nacken wird einem mit vorhandener Etikette weniger verübelt. Die Verfügbarkeit von Grundkenntnissen kann man in etwa wie eine gute Garderobe betrachten – es ist ungemein beruhigend zu wissen, dass man sie jederzeit einsetzen kann. Ob und wann ich darauf angewiesen bin, entscheide ich selbst. Etikette kann ein solides Fundament für ein selbstbewusstes und souveränes Auftreten insbesondere für unvorhersehbare Ereignisse bilden. Sie schafft gute Rahmenbedingungen – man bleibt entspannt und kann immer noch einen Gang runterschalten. Arbeitgeber prüfen mittlerweile im Rahmen von Testessen die Gastgeberqualitäten ihrer Führungskräfte, um sicher zu sein, dass der Angestellte das Unternehmen angemessen repräsentiert. Doch auch privat genießt man die Einladung in ein edles Restaurant viel mehr, wenn man Service, Speisen und die Atmosphäre zu würdigen weiß. So kann man selbstverständlich auch das Essen eines Burgers genussvoll zelebrieren. Es wäre jedoch schade, wenn uns selbst die Grundkenntnisse aufgrund von falsch verstandener Authentizitätsliebe abhandenkommen …

8 *Der Suppenteller darf ebenso wie die Suppentasse mittlerweile gekippt werden, um die Restsuppe auszulöffeln.*

9 *Während des Essens ist Rauchen absolut tabu! Verlässt man im Anschluss an das Essen den Tisch, sollte das Gegenüber nicht allein zurückgelassen werden.*

10 *Besteck spricht eine Sprache: Liegen Messer und Gabel gekreuzt und mit den Gabelzinken nach oben gerichtet auf dem Teller, signalisieren Sie, dass Sie eine Pause machen. Legen Sie das Esswerkzeug in die »20 nach 4«-Stellung, meint dies, dass Sie den Gang beendet haben. Die Serviette wird jeweils links neben dem Teller abgelegt.*

11 *Kommunizieren Sie möglichst nonverbal – »Herr Ober« ist nicht mehr zeitgemäß.*

12 *Wenn Ihnen ein Besteck oder die Serviette runterfällt – kein Problem! Dann sorgt aufmerksames Servicepersonal für Ersatz. Um Missgeschicke wird kein großes Aufheben gemacht. Insbesondere wenn Sie dabei ähnlich herzerfrischend charmant wie Julia Roberts in »PrettyWoman« fluchen – dann verzeiht man Ihnen wirklich fast alles!*

GERECHTFERTIGT ODER NICHT – WIRKLICH ZUFRIEDEN SIND NUR DIE WENIGSTEN FRAUEN MIT IHREM SPIEGELBILD.

Der perfekte Look

»Bist du frisch verliebt?« Diese Frage hören wir nicht nur angesichts von Anzeichen für Schmetterlinge im Bauch oder aufgrund einer versalzenen Suppe – sie wird uns auch gestellt, wenn uns ein Style so verändert, dass er uns zu einem neuen Typ macht. Ein frischer Look vermittelt ein neues Lebensgefühl und bewirkt mitunter Erstaunliches in einem Menschen. Leicht ist es jedoch nicht, den passenden Stil zu finden. Der Wow-Effekt und die Alltagstauglichkeit lassen sich häufig schon bei der Frisur – mit der gegebenen Haarstruktur – nur schwer miteinander vereinbaren. In der Zeitschrift am Model sieht der lässige »Long Bob« noch sensationell aus – und man glaubt fest daran, dass dieser freche Style auch an einem selbst umwerfend wirkt. Mit kleinen Abstrichen versteht sich – schließlich messen wir uns nicht mit Frauen, die fürs »Schönsein« bezahlt werden. Und in der Tat – einen halben Tag lang trägt uns dieses euphorische Gefühl, endlich »den« Look gefunden zu haben! Einen Cut, der uns mysteriöser wirken lässt, weil er die Konturen unserer Wangenknochen betont. Eine Farbbehandlung, die jünger macht, weil die Farbreflexe uns Frische verleihen. Ein Finish, das natürlich wirkt und uns zu Komplimenten ohne Ende verhilft. Wir haben uns teure Haarpflegeprodukte aufschwatzen lassen und sind zuversichtlich, dass wir auch das Styling mit links bewältigen werden. Dann jedoch – nach der ersten Dusche – kommt die Ernüchterung. Die Haare sind weich, der Schaumfestiger verklebt die Strähnen, und aus Alexa Chung wird plötzlich Mick Jagger … Eine Woche später wollen wir es dann noch mal wissen, nehmen uns Zeit für unser Styling-Programm und testen unterschiedliche Varianten: Haare hinter die Ohren gelegt – wir empfinden uns als zu mädchenhaft. Einen definierten Seitenscheitel gezogen – wir fühlen uns als zu streberhaft. Ein ungestümer, rebellischer »Out-of-Bed-Look« als reines Zufallsprodukt unserer Ungeduld fabriziert – wir finden uns sexy und verwegen. Jetzt noch geschickt das richtige Make-up aufgetragen, und unser Ziel ist erreicht! Es ist schon erstaunlich, auf welche angenehme Art und Weise Haare und Make-up »optische Täuschungen« bewirken.

Guter Rat ist beim falschen Friseur sehr teuer. Daher: Gehen Sie fremd, wenn Ihr Coiffeur sich als Star-Figaro gebärdet und ignoriert, was für Sie alltagstauglich umsetzbar ist.

Die Ist-Analyse

Anregungen für tolle Looks gibt es viele. Zeitschriften vermitteln uns Woche für Woche aufs Neue, was gerade angesagt ist und welche Star-Styles samt Wundermittel eine sensationelle Ausstrahlung zaubern. Als Inspiration sind diese News wertvoll. Ganz unkritisch übernehmen sollte man die praxisbezogenen Ermunterungen dennoch nicht. Da die Bilder lediglich aus einer Perspektive festgehalten sind und nicht die dreidimensionale Wirkung in Bewegung vermitteln können, eignen sie sich nur bedingt als Vorlage. Zur optimalen Einschätzung des eigenen Typs ist daher eine Analyse wegweisend. Anhand der Gesichtsform, Harmonie und Symmetrie der Gesichtsmerkmale sowie der individuellen Ausstrahlungstendenzen wird bestimmt, ob und wie durch Haare und Make-up der eigene Typ optimiert werden kann.

DIE GESICHTSFORM ERMITTELN
Vielen meiner Klientinnen ist gar nicht bewusst, welche Gesichtsform sie überhaupt haben: oval, rund, quadratisch, dreieckig/herzförmig oder trapezförmig. Dies herauszufinden ist leichter, als die meisten Frauen meinen. Sehen Sie selbst! Um zu ermitteln, welcher Form Sie entsprechen, stellen Sie sich bitte mit straff nach hinten gekämmten Haaren vor den Spiegel und verdecken Sie die Ohren mit den Händen. Auch ein eng um den Kopf gebundenes, vom Hautton abweichendes Tuch kann Ihnen das Erkennen der Konturen und die Bestimmung Ihrer Gesichtsform erleichtern. Es geht hierbei nicht um Ihre Kopfform, sondern ausschließlich um das Gesicht – Ihr Haaransatz bildet den Rahmen.

DIE HARMONIE UND SYMMETRIE BESTIMMEN Zieht man die klassischen Schönheitsideale heran, erhält man leicht den Eindruck, dass ein weniger symmetrisches und ebenmäßiges Gesicht an Attraktivität einbüßt. Das ist – mit Verlaub – eine antiquierte Sichtweise. Denn allein schon die vielfältigen multikulturellen Einflüsse bewirken, dass wir das klassische Schönheitsideal kontinuierlich neu definieren. Mehr Ausdrucksstärke, mehr Spannung und somit mehr Ausstrahlung entstehen sogar häufig gerade erst durch die Abweichungen vom Standard. Wie harmonisch ausgewogen ein Gesicht wahrgenommen wird, liegt selbstverständlich stark in der Anordnung und Ausprägung von Augen(brauen), Nase und Mund. Welche Gesichtsmerkmale für das individuelle Optimum kompensiert und welche verstärkt werden sollten, ist somit eher von der Gesamtharmonie abhängig zu machen. Ob es Irritationen gibt, die kaschiert werden sollten, oder Makel, von denen sich ablenken lässt, hängt auch stark von der Fläche eines Gesichts ab. In einem fülligeren Gesicht stören beispielsweise ausgeprägte Nasolabialfalten, also die Falten, die vom Nasenflügel bis zum Mundwinkel verlaufen, weniger als in einem mageren, kleinflächigen Gesicht.

DIE TENDENZEN BERÜCKSICHTIGEN Weder ausgemergelt noch pausbäckig/voll wird von uns Europäern als schön empfunden – ein gesunder und vitaler Look lässt sich jedoch auch durch Ernährung nicht unbedingt herbeizaubern. Gut, dass es Tricks gibt, mit denen man den sogenannten Healthy-Style effektvoll vortäuschen kann. Wie egalisiert oder konturiert werden kann, finden Sie im Folgenden leicht für sich heraus. Selbstverständlich so, dass die Ausstrahlung nicht unnatürlich wirkt.

Das ovale

Versucht man zu ergründen, welche Gesichtsform das Ideal darstellt, kommt man leicht zu dem Schluss, dass die ovale Form diesem aufgrund der Proportionen sehr nahekommt. Tatsächlich gibt es bei einem ovalen Gesicht meist auch wenig zu konturieren und viele Möglichkeiten, mit Make-up, Frisuren und Brillen zu experimentieren.

TIPPS: Um dem Gesicht mehr Ausdruckskraft zu verleihen, reicht es meist schon, ein wenig zu akzentuieren. Betonen Sie Ihre Wangen, indem Sie unterhalb des Wangenknochens Rouge auftragen. Um das Gesicht weiter zu modellieren, geben Sie etwas Farbe in die Lidfalte und auf das Nasenbein.

Schattierungen und ein spannender Glow-Effekt entstehen, wenn Sie Highlighter auf Wangenknochen und unter die Augenbrauen platzieren. Ein Hauch sollte genügen – ansonsten wird das Antlitz zum Blendwerk!

Sollte Ihr Gesicht etwas länglicher sein, können Sie wunderbar Ponyfrisuren tragen. Die Aufforderung »You can leave your hat on« dürfen Sie ruhig wörtlich nehmen – denn keiner Gesichtsform stehen Hüte so gut wie der Ihren.

Da es hier – ähnlich wie beim X-Typ auch – wenig Optimierungsbedarf gibt, kann man Frauen mit ovalen Gesichtern nur raten, Spaß an abwechslungsreichen Looks zu entwickeln. Denn ihnen steht vieles, und sie sollten sich nicht einschränken.

VIPS: Anne Hathaway und Eva Longoria beweisen: In Sachen Styling gibt es keinen Grund zur Zurückhaltung.

Gesicht

Das runde

Das Gute: Man darf auch mal in den Farbtopf fallen, und es gibt meist wenig zu harmonisieren, da ein flächigeres Gesicht mitunter sogar von Unregelmäßigkeiten profitiert. Das Schlechte: Sorry. Mir fällt nichts Allgemeingültiges ein …

TIPPS: Der häufig befürchtete »Babyface-Look« lässt sich durch eine v-förmige Definition der Gesichtspartien mindern. Um Breite im Wangenbereich zu kaschieren, empfiehlt es sich, mit dem Make-up die äußeren Gesichtsfelder dunkler verlaufen zu lassen. Besonders vorteilhaft ist es dabei, Fülle durch Puder-Schattierungen zu nehmen und so die Gesichtsstrukturen zu betonen. Tragen Sie dazu schon die Grundierung unterhalb der Wangenknochen dunkler auf.

Gesicht

Das Konturieren der Schläfen mit Rouge bewirkt, dass Ihr Gesicht gestreckter erscheint – tragen Sie es dezent bis zum seitlichen Haaransatz auf. Frische erzeugen Sie durch etwas Highlighter oberhalb der Wangenknochen und unter den Augenbrauen. Bei einem fülligeren Gesicht können sowohl Augen als auch Lippen betont werden, ohne dass Irritationen entstehen. Der Nude-Look hingegen kann schnell langweilig wirken.

Herbeisehnen würde ich es nicht – aber sollte die Dauerwelle jemals ein Revival erleben, zögern Sie nicht! Denn für Sie sind alle voluminösen Frisuren günstig, die wie ein Bilderrahmen einen farblichen Kontrast zur Haut entstehen lassen. Haarvolumen relativiert die weniger vorteilhafte Fülle im Gesicht. Auch ein Styling, das an einer Seite schmaler und am Oberkopf betont ist oder seitlich Fransen ins Gesicht zieht, kann kaschierend wirken. Strähnchen und Stufen erzeugen einen belebenden Effekt und können geschickt von stärker ausgeprägten Pausbäckchen ablenken.

Bei einer schönen Stirn tragen Sie die Haare unbedingt aus dem Gesicht. Für Sie sind Pullis mit V-Ausschnitt günstig, Blusen mit offenem Revers sowie weite, asymmetrische Halsausschnitte. Weniger vorteilhaft sind Rollkragenpullover und Stehkragenblusen oder -jacken. Hüte und Mützen sollten möglichst nicht zu weit ins Gesicht hineingezogen werden.

Markante Brillen – gern auch mit einem eckigen Gestell und breiteren Bügeln – können Ihrem Look eine spannende Note verleihen.

VIPS: Lily Cole betont ihren Typ und setzt sich damit vom Mainstream ab.

Das viereckige

Diese Gesichtsform wirkt meist großflächig – mitunter maskulin. Die Stirn und die Wangenknochen sind ungefähr gleich breit und eher kantig, während die Unterkieferpartie eckig ausgeprägt ist.

TIPPS: Um die Gesichtszüge softer erscheinen zu lassen, empfehle ich, die Wangen und Kieferregionen dunkler zu schattieren. Ein Hauch Rouge auf dem Kinn, der Stirn und den Wangenknochen bewirkt dabei einen harmonisierenden Weichzeichner-Effekt.

Außerdem können die Schläfen bzw. Seiten der Stirn schattiert werden, damit die obere Gesichtshälfte schmaler erscheint. Der Farbverlauf sollte jedoch unbedingt weich sein – je smoothiger, desto besser!

Tragen Sie für den unnachahmlichen strahlenden Teint etwas Highlighter oberhalb der Wangenknochen und unter den Augenbrauen auf. Meiden Sie beim Lippenstift die harten, kontrastreichen Farben. Mit Lipgloss in pastelligen Tönen können Sie sich eine leicht mädchenhafte Note zaubern.

Das viereckige Gesicht hat die markanteste Form. Als Frisuren eignen sich längere Haare mit Seiten- und Mittelscheitel, weich fallende Locken oder soft-fransige Kurzhaarfrisuren, die das Gesicht locker umspielen und einen dezenten farblichen Kontrast zur Haut bilden. Bei einer hohen Stirn können ein paar weich in das Gesicht fallende unkoordinierte Ponyfransen belebend wirken. Ein gerade geschnittener Pony würde die eckige Wirkung des Gesichts ungünstig betonen.

Gesicht

Klasse wirkt ein Ombré-Farbverlauf, bei dem willkürlich Einzelsträhnen hinter das Ohr geklemmt werden. Um dem Look die Strenge zu nehmen, empfiehlt es sich, runde Halsausschnitte, Bubikragen und Rüschen zu tragen. Weniger vorteilhaft sind gestärkte Blusen und dunkle Rollkragenpullover.

Es eignet sich bei der Brille ein rahmenloses, gern auch ein filigranes Modell. Edel sind Designs mit runden oder ovalen Gläsern, hier darf der Rahmen schon mal kräftiger sein.

VIPS: Frauen wie Brooke Shields und Demi Moore verstehen sich darin, ihren Look feminin zu inszenieren.

Das dreieckige

Das dreieckige bzw. herzförmige Gesicht hat meist eine wunderbar weibliche Ausstrahlung. Auf der eher breiteren Stirn zeichnen sich am Haaransatz häufig Ecken ab. Markante, hohe Wangenknochen öffnen das Gesicht nach außen hin, zum Kinn verschmälert es sich kontinuierlich. Das Licht wird bei dieser Gesichtsform ganz natürlich eingefangen.

TIPPS: Schattiert man die Stirn an beiden Seiten, um sie schmaler wirken zu lassen, erzeugt man eine schöne Harmonie im Gesicht. Tragen Sie daher auch das Rouge möglichst nicht zu weit außen auf.

Sollte Ihr Kinn etwas spitz wirken, können Sie die Kinnspitze leicht abdunkeln. Mit dem kontrastarmen Nude-Look wirken Sie auch an stressigen Tagen

Gesicht

wohltuend relaxt. Für den Glow-Effekt applizieren Sie etwas Highlighter auf die Wangenknochen und unter die Augenbrauen.

Ein natürlich betonter Augenbrauenbogen verleiht dem herzförmigen Gesicht eine schöne Dynamik.

Beim Brillendesign sollten Sie auf runde und nicht allzu breite Formen setzen. Absolut ungeeignet ist die Katzenform, da sie die Stirnbreite unvorteilhaft betont.

VIPS: Besondere Raffinesse in der Inszenierung ihres Typs zeigen Scarlett Johansson und Liz Hurley.

Optimal sind Frisuren mit kleinem Pony, die im Kinnbereich nach außen frisiert werden. Ein Mittelscheitel mit lockeren, stirnumschmeichelnden Haarsträhnen erzielt eine lässige weibliche Note.

Auch der Sleek-Look à la Jennifer Aniston ist bei dieser Gesichtsform gut tragbar. Wenn Sie Ihr Kinn weniger betonen möchten, meiden Sie die eher spitzen Ausschnittformen wie den V-Ausschnitt. Ausgleichend wirkt ein Rundhalsausschnitt.

Toben Sie sich mit Hüten und Mützen aus – Ihnen dürfte nahezu jede Form fantastisch stehen.

Das trapezförmige

Das Alpha-Weibchen – eine Assoziation, die meist nur bei Karrierefrauen Begeisterung erzeugt. Bei dieser Gesichtsform wirkt die Stirnpartie im Vergleich zur ausgeprägten Kinnpartie eher schmal. Häufig erscheint das Gesicht auch etwas unausgewogen und maskulin.

TIPPS: Um die Ausstrahlung softer zu gestalten, rate ich zum Griff in die Trickkiste. Vom kräftigen Unterkiefer lässt sich nämlich gut mit der sogenannten Morphing-Technik ablenken! Keine Sorge, das klingt komplizierter, als es ist. Mithilfe von Schattierungen modellieren Sie dabei einen Weichzeichner-Effekt für die Gesichtskonturen. Im Einsatz: ein helles Basis-Make-up, »naughty girls best friend« – der Concealer – und wenig Rouge. In einem Spiel aus Licht und Schatten betont man hierfür besonders das obere Gesichtsfeld, indem man es insgesamt eher heller belässt und den Außenbereich des Unterkiefers tendenziell dunkler konturiert. Einer Grundierung mit reflektierenden Pigmenten gelingt es dabei am besten, unausgewogene Gesichtsformen zu kaschieren, den Teint zu harmonisieren und damit von kleinen Schwächen abzulenken.

Gesicht

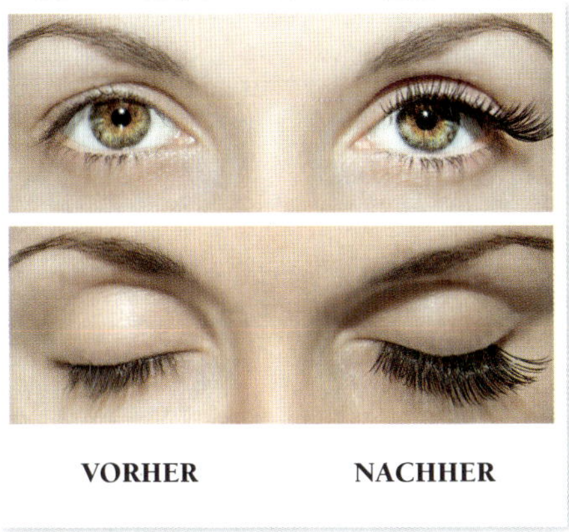

Es darf nachgeholfen werden. Auch mit künstlichen Wimpern lässt sich der Fokus lenken.

Reflexe und Strähnchen schaffen einen belebenden Effekt. Ausgleichend wirkt eine Frisur, die den Oberkopf seitlich betont. Längere Haare, die fransig in die Kinnpartie fallen, sind ebenfalls günstig und bieten Styling-Vielfalt. Ponyfrisuren, der Sleek-Look oder ein Schnitt in Form eines Bobs betonen den Unterkiefer dagegen unvorteilhaft.

Diese Gesichtsform liebt den V-Ausschnitt, ein langes Revers und lange Ketten.

Generell sollten die Außenpartien der Wangen und Stirn nicht durch verdunkelndes Make-up oder Rouge intensiviert werden. Mit Lipgloss und Candy-Colours vermitteln Sie unbeschwerte Weiblichkeit. Ausdrucksstärke erzielen Sie durch schön betonte Augen und lange Augenbrauen. Aber Vorsicht! Als Frida Khalo wirken die meisten Mitteleuropäerinnen etwas zu streng.

Mit den Wimpern klimpern wirkt bei Ihnen besonders charmant und verführerisch! Frisuren, die seitlich gestuft sind, lassen das Gesicht weicher und harmonischer wirken. Der lässige »Out-of-Bed-Look« kann fabelhaft von Irritationen ablenken.

Die Brille darf gern breiter, ausgefallener und im oberen Bereich betont sein, zum Beispiel eine Halbrandbrille. Es eignet sich ein Modell mit breiten Bügeln, besonders feminin wirkt zudem die Katzenform.

VIPS: Pixie Geldorf sorgt mit frechen Looks für spannende Style-Inspirationen.

Was das Gesicht

Partnervermittlungen, Marktforschungsinstitute und auch Personalagenturen setzen für die Kandidatensuche zunehmend auf die Erkenntnisse der Psycho-Physiognomiker. Diese lesen in den Konturen und Proportionen des Körpers, des Kopfes, des Gesichts sowie in dem Mienenspiel, leiten daraus die herausragenden Persönlichkeitsmerkmale des Menschen ab und erstellen darauf aufbauend ein Profil. Häufig findet dabei eine Kategorisierung nach Macher, Denker, emotionaler Typ etc. statt. Einfach ausgedrückt also eine Bewertung aufgrund von Äußerlichkeiten. Fragwürdig ist, wie sich diese Charaktereinordnung – und das meist auf Lebenszeit – begründen lässt. Denn schon durch unser Verhalten sind wir selten völlig eindeutig zuzuordnen. Freunde bewerten uns anders als Geschwister, und Arbeitgeber lassen in ihre Beurteilungen andere Kriterien einfließen als Privatpersonen. Ob sich die komplexe Persönlichkeit, der Grundcharakter des Menschen, tatsächlich eindeutig und damit deckungsgleich mit den Ergebnissen der Psycho-Physiognomik darstellen lässt – eine spannende Frage. Vielleicht ja bei den weniger facettenreichen Exemplaren …

Schon in der Antike gab es Versuche, statistische Beziehungen zwischen den physiologischen Merkmalen von Menschen und ihren individuellen Charakterzügen herzustellen. Aristoteles und Cicero forschten intensiv und gaben zum Teil auch Abstruses von sich. Die Rassentheoretiker des Nationalsozialismus bedienten sich dieser Grundlagen, um ihre teil-

über uns verrät

weise menschenverachtenden Theorien zur Physiognomik aufzustellen. Nicht selten entschied man darauf basierend, ob ein Mensch »minderwertig« oder kriminell sei, um ihn dann – im wahrsten Sinne des Wortes – zu vernichten.

Es ist nicht von der Hand zu weisen, dass wir als Menschen unbewusst interpretieren und urteilen. Einer Person, die mit großen runden Augen und weichen Konturen dem Kindchenschema entspricht, tritt man im Allgemeinen positiv und unbefangen entgegen. Einer Person, die mit kleinen Augen, scharfen, abfallenden Gesichtszügen und hageren Konturen ausgestattet ist, treten wir verhaltener entgegen. Ich selbst ertappe mich regelmäßig dabei, Menschen mit Zahnlücke und Locken einen Sympathiebonus auszustellen. Trägt jemand hingegen spitze Piercings im Gesicht, tue ich mich damit schwerer. Fair ist das nicht. Und auch die Tendenz zur Stigmatisierung bei extremeren Fällen (z. B. bei Menschen mit markanten Narben im Gesicht) lässt sich nicht vollends ausschließen. Ob und wie weit unsere Verknüpfungen auf Erfahrungen basieren, von Geburt an festgelegt sind oder von außen, beispielsweise durch Medien, beeinflusst sind, lässt sich schwer ermitteln. Dennoch scheinen bestimmte Assoziationen generationenübergreifend sehr gefestigt zu sein. Sich vollends von seinem Bedürfnis nach Zuordnung und gelegentlich auch Schubladendenken frei zu machen gelingt folglich nur schwer. Eine gute Einschätzung – selbst wenn sie zunächst auf Vorurteilen basiert – vereinfacht uns schließlich die alltägliche Interaktion mit unbekannten Personen. Sie vermittelt vordergründig Sicherheit und kann durchaus eine Schutzfunktion darstellen. Dass eine absolute Wertfreiheit, mit der man Menschen neutral begegnet, daher auch nicht unbedingt angestrebt ist, steht außer Frage.

So ist unsere Neugierde an dem Urteil anderer über uns – egal, wie fundiert – nur allzu verständlich. Nicht nur aus Gründen der Eitelkeit haben wir ein berechtigtes Interesse daran, unser Äußeres – insbesondere das Gesicht – objektiv einschätzen zu können. Nicht ausschließlich im Sinne der Ästhetik möchten wir mit dem, was Mutter Natur uns mitgegeben hat, den bestmöglichen Eindruck machen. Sollte unsere Physiognomie uns Nachteile im Leben bescheren und der Grund dafür sein, dass man uns einen Stempel aufdrückt, möchten wir dem gewiss entgegenwirken können. Und das ist nur legitim. Da ein Style-Guide keine Wirkfaktoren vernachlässigen sollte, hier eine Zusammenfassung der wichtigsten – auf das Gesicht bezogenen – Erkenntnisse, denen ein gewisser Unterhaltungswert nicht abzusprechen ist.

Von der Gesichtsphysiognomie werden umfangreiche Charakterstudien abgeleitet.

GESICHTSFORM

Das ovale Gesicht Zielstrebige, erfolgsorientierte Menschen, die als perfektionistisch und durchsetzungsstark gelten.
Das runde Gesicht Emotionale und sensible Menschen, die als gesellig, umgänglich, hilfsbereit und harmoniebedürftig angesehen werden.
Das viereckige bzw. quadratische Gesicht Willensstarke und durchsetzungsfähige Menschen, die als tatkräftig und entscheidungsfreudig gelten.
Das dreieckige bzw. herzförmige Gesicht Eigenständige, intuitive und diplomatische Menschen. Problemlöser mit gesundem Menschenverstand und Organisationstalent.
Das trapezförmige Gesicht Im Denken und Handeln sehr erfolgsorientierte Menschen, die als tatkräftig und eher praktisch veranlagt gelten.

MARKANTE GESICHTSTEILE

Stirnpartie Logisch denkend, vernunftorientiert.
Nasenpartie Gefühlsorientiert, soziale Kontakte sind wichtig.
Kinnpartie Zielorientiert, entschlossen und beharrlich.

AUGEN

Große Augen Kommunikative, offene Menschen mit einem weiten geistigen Horizont, die als liebevoll und interessiert gelten. Man sagt ihnen ein intuitives Gefühlsleben nach.
Kleine Augen Verhaltene, vorsichtig abwägende Menschen, die als gründlich und akribisch angesehen werden. Man bescheinigt ihnen einen logischen Verstand.
Schmale bzw. längliche Augen Sensible, analytische Menschen, denen man eine gute Beobachtungsgabe attestiert.
Weiter Augenabstand Weit blickende, visionäre Menschen, die als sehr ausgeglichen und rücksichtsvoll gelten.
Enger Augenabstand Kritische Menschen, denen man eine gute Konzentrationsfähigkeit nachsagt.
Tief liegende Augen Zurückhaltende, mitunter schweigsame Menschen, denen man unterstellt, introvertiert zu sein.
Hervorstehende Augen Mitteilsame Menschen, die eher als extrovertiert gelten.

NASE

Kleine Nase Zurückhaltende, sensible Menschen, denen man unterstellt, humorvoll zu sein.

Große Nase Starke, ehrgeizige Menschen, die als selbstdarstellerisch gelten.

Stupsnase Optimistische, sorglose Menschen, denen man Spontanität und Eitelkeit nachsagt.

Lange Nase Fleißige, willensstarke Menschen, die als vorausblickend gelten. Je prägnanter die Nase, desto konsequenter und individueller die Handlungen.

MUND

Volle Lippen Sinnliche, kontaktfreudige und einfühlsame Menschen.

Schmale Lippen Charakterfeste, planungsorientierte und gütige Menschen.

Ausgeprägte Oberlippe Sinnliche Menschen mit einem tiefen Gefühls- und Seelenleben.

Ausgeprägte Unterlippe Triebhafte, genussfähige Menschen.

Schmale Oberlippe Rationale Menschen, denen man eine Neigung zur Nervosität unterstellt.

Schmale Unterlippe Wenig genussorientierte Menschen.

OHREN

Kleine Ohren Feinfühlige, fleißige und intelligente Menschen.

Große Ohren Kreative, mutige und aktive Menschen.

Normal proportionierte Ohren Zuverlässige, optimistische und gründliche Menschen.
Abstehende Ohren Eher unangepasste Menschen.
Anliegende Ohren Menschen mit einem ausgeprägten Harmoniebedürfnis.

HAUTTYP

Dünn, transparent Empfindlich, sensibel und verletzlich.
Couperose (Äderchen) Können Gefühle schwer verbergen.
Normal feinporig Selbstentschlossen, wo sie emotional involviert sind.
Dick, großporig Unempfindlich und robust, Probleme prallen ab.

FALTEN

Durchgehende Stirnquerfalten Ausgeglichen, ausdauernd.
Unterbrochene Stirnquerfalten Abwechslung liebend, rastlos, unruhig.
Senkrechte Stirnfalten Konzentriert, beharrlich, Tendenz zur Unzufriedenheit,

angestaute Wut. Ebenso willensstark, hingebungsvoll und idealistisch.
Senkrecht rechts über der Nase Führungsstark, effizient agierend.
Senkrecht links über der Nase Hatte psychisch Schweres zu verarbeiten.

Die Diskrepanz zwischen der Selbst- und Fremdwahrnehmung einer Person kann in der Physiognomie begründet sein – daher verschließe ich mich den Diagnosen der unterschiedlichen Experten nicht. Fakt ist jedoch, es gibt keine empirischen Belege zu den Auswertungen – deshalb mein Appell: Sollten Sie sich in Ihrem Urteil über andere bestätigt sehen, wägen Sie besser noch einmal ab, ob die Person sich möglicherweise wie bei der sich selbst erfüllenden Prophezeiung ihrer Einschätzung entsprechend entwickelt haben könnte. Den Jungen mit den abstehenden Ohren hat man möglicherweise schon im Kindergarten als frecher eingestuft. Dass er irgendwann glaubt, schwer anpassungsfähig zu sein, überrascht nicht. Lassen Sie sich nicht verunsichern und vertrauen Sie Ihrem gesunden Bauchgefühl!

Wa(h)re Schönheit

Zu schön, um wahr zu sein. Man sollte Bildern nicht immer trauen.

Bereits vor über 500 Jahren ermittelte Leonardo da Vinci die idealen Proportionen für einen perfekten Menschen. Was allgemeingültig als attraktiv bewertet wurde, sollte an dem antiken Idealtyp »Vitruv« messbar und in einen Bezug gesetzt werden. Der »wohlgestaltete Mensch« sollte demnach ein gleichmäßig in horizontale Drittel aufgeteiltes Antlitz aufweisen: ein Drittel Haaransatz bis Augenbrauen, ein Drittel Augenbrauen bis Nasenspitze und ein Drittel Nasenspitze bis Kinn. Der Abstand zwischen den Augen sollte in etwa die Breite eines Auges haben und mit der Nasenbreite identisch sein. Die Gesichtsbreite sollte zwei Dritteln der Länge entsprechen.

Auch andere als Leonardo da Vinci wollten Schönheit durch geometrische Proportionen berechenbar machen.

Albrecht Dürer, der bekannte deutsche Maler und Verfasser von Schriften über Perspektive und Proportionen, betrieb intensive Forschungen zum »Wohlklang harmonischer Gesetzmäßigkeiten« am menschlichen Körper. Er verfasste gleich vier Bücher zu seinen dreißig Jahre währenden Studien.

Die Faszination dieses Themas scheint nach wie vor ungebrochen. Denn auch heute beschäftigen sich Wissenschaftler mit komplizierten Untersuchungen zum idealen Körper. Natürlich leitet man von diesen Erkenntnissen weiterführende, spezifischere Forschungen ab – bisweilen in einem konkreten Auftrag und mit finanzieller Unterstützung aus der Industrie, wenn es zum Beispiel um Produktinnovationen geht. Im boomenden Markt der Kosmetikindustrie profitieren Marken selbstverständlich von seriösen wissenschaftlichen Untersuchungen. Der Verweis auf ein Forschungsinstitut oder eine Studie wirkt ähnlich glaubwürdigkeitssteigernd wie ein Gütesiegel. Und solange man auf die Neutralität der Forschungsinstitute vertrauen kann und die Produkte das leisten, was sie in der Werbung versprechen, sind solche Beauftragungen nicht nur legitim, sondern durchaus lobenswert. Zumal es auch Fantasie-Siegel gibt, die lediglich den Anschein erwecken, das Produkt sei intensiv überprüft worden.

Falsche Schönheitsideale erzeugen Stress, der leicht zur Resignation führen kann.

Unweigerlich gelangt man so zu der Frage, was Werbung versprechen muss, damit wir überhaupt auf sie reagieren. Wir ahnen, ein realistisches Schönheitsideal wird sich schwer vermarkten lassen. Wir sind umgeben von schönen Bildern – immer und überall. Um einen Effekt zu erzielen und nachhaltigen Eindruck beim potenziellen Kunden zu erwecken, muss natürlich gemogelt werden. Dass makellose Models auf Plakaten perfekt in Szene gesetzt und ausgeleuchtet werden und durch nachträgliche Retusche ihre Wirkung entfalten, ist uns bewusst – entspannter werden wir mit dieser Erkenntnis jedoch nicht. Im Gegenteil: Die in den Medien propagierten Schönheitsideale stellen unser Selbstvertrauen auf harte Bewährungsproben. Im Zeitalter von Haarextensions, Botox-Flatrates und Tanningstudios scheint Unnatürlichkeit (selbstverständlich in einem natürlichen Ausmaß) schleichend als neuer Standard akzeptiert zu sein. Wer Botox als Einstiegsdroge anprangert, läuft Gefahr, als überkritisch, kleinkariert und heuchlerisch abgestraft zu werden.

Und wenn tatsächlich mehr Lebensqualität aus kosmetischen Maßnahmen und Eingriffen generiert wird – was spricht dagegen? Ist dann nicht »schön doof«, wer nicht nachhilft?

Doch die Sehnsucht, einem Schönheitsideal zu entsprechen, führt bisweilen zu grotesken Auswüchsen und zur Selbstkasteiung. Im Jahr 2011 haben sich nach Schätzungen der Deutschen Gesellschaft für Ästhetisch-Plastische Chirurgie (DGÄPC) in Deutschland nahezu 500.000 Menschen für ein vermeintlich besseres Aussehen unter das Messer gelegt – Tendenz steigend.

Warum werden wir immer empfänglicher – auch für bizarre Entwicklungen im Schönheitssektor? Warum lassen wir uns diesbezüglich mitunter zu unvernünftigen Entscheidungen hinreißen?

Doutzen Kroes, das niederländische Topmodel, entspricht mit ihrem Look dem jugendlichen Schönheitsideal.

Obwohl Attraktivität nur sehr statisch definierbar ist und man sich weltweit lediglich auf Durchschnittswerte einigt, scheinen wir Frauen uns bereitwillig in ein Raster einfügen zu wollen, das zwangsläufig zum Einheitslook führt. Wir ignorieren mitunter, dass Schönheit durch viele Einflüsse geprägt wird: Symmetrie, Harmonie und Ausprägung der Gesichtsmerkmale, die Dynamik der Mimik, die Hautbeschaffenheit – um nur einige für das Gesicht zutreffende zu nennen – wirken unterschiedlich und lassen so Reize und Ausstrahlung entstehen.

Unbewusst unterstützen wir den Kult um die scheinbare Perfektion. Es beginnt schon in der Kinderwiege. Die auf Attraktivitätsforschung spezialisierte US-amerikanische Psychologin Rita Freedman hat in ihren Untersuchungen zum Mutter-Kind-Verhältnis festgestellt, dass Mütter auf hübsche Babys stärker reagieren und sie intensiver mit Liebkosungen verwöhnen. Bei Kindergartenkindern hat die Forscherin beobachtet, dass diese beim Spiel die Nähe attraktiver Kameraden suchen, weil sie sie für freundlicher, begabter und selbstständiger halten.

Welche Einflüsse bei dieser Auslese wirken, ob Schönheitsempfinden genetisch angelegt oder Prägung – beispielsweise durch unsere im Körperbau völlig realitätsferne Barbie – ist, lässt sich wohl nie vollends klären.

Doch der Glaube, dass schöne Menschen mehr Vorteile im Leben genießen, ist in unseren Köpfen fest verankert. Nicht zuletzt, weil Statistiken belegen wollen, dass schöne Menschen auch beruflich erfolgreicher sind und mehr verdienen. Wer sich weniger attraktiv empfindet, fühlt sich zudem meist gesellschaftlich weniger anerkannt. Da braucht es Willensstärke, dem Drang nach Perfektion – einer Schablone – zu widerstehen. Zumal nach dem Baukastenprinzip Anpassungen vornehmen zu lassen – auch in Anbetracht der vielen Möglichkeiten – en vogue zu sein scheint: Ob das Refreshing in der Mittagspause, Michelle Obamas Oberarme auf Raten oder ein Facelift unter Palmen – unmöglich war gestern.

Beinahe drängt sich der Verdacht auf, man würde sich vernachlässigen, wenn man diesen Trends trotzt. Doch es gibt auch in der Öffentlichkeit gute Beispiele dafür, dass unsere Gesellschaft honoriert, wenn man aus seinen Makeln Markenzeichen macht, sie als »Special Effects« kultiviert und zu sich steht. Die Sängerin Adele ist nur ein Beweis dafür. Wir verehren sie und möchten sie uns schlank gar nicht vorstellen. Oder Charlotte Rampling, die mit ihrer Aura der Unnahbarkeit mit zunehmendem Alter an Faszination zu gewinnen scheint. Dagegen wirken ihre gleichaltrigen Kolleginnen, als würden sie im Windkanal stehen. Bewundernswert offen geht Helen Mirren mit dem Thema Altern um: »Wenn ich nicht vor der Kamera stehen würde, dann hätte ich schon vor Jahren etwas machen lassen.« Sie kokettiert ohne jede Scheinheiligkeit damit, dass sie das ganze Programm gewählt hätte: »Alles absaugen, liften und abschneiden!«

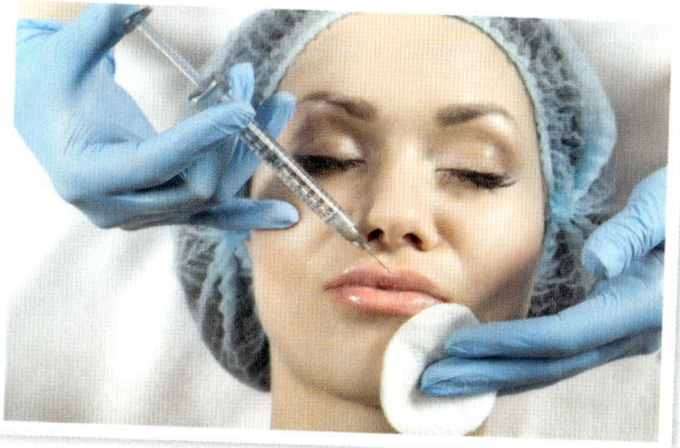

Regelmäßige Botox-Injektionen – bald schon so selbstverständlich wie der Besuch beim Friseur?

Sich mit dem Alter zu arrangieren, das empfinden besonders Frauen, die an ihrem Äußeren gemessen werden, wie eine Kapitulation. Doch wer mit fünfzig noch wie Mitte zwanzig aussehen möchte, läuft Gefahr, irgendwann Denkmalpflege zu betreiben. Wann ein Eingriff als Leichtfertigkeit und wann als eine Erlösung von Leidensdruck anzusehen ist, lässt sich schwer beurteilen.

Unterschiedliche Lebenssituationen rechtfertigen zudem unterschiedliche Haltungen. Schönheitschirurgie: Ob Fluch oder Segen, muss schlussendlich jeder für sich selbst entscheiden.

In Würde altern – für Charlotte Rampling scheinbar kein Problem.

Der ultimative Wow-

Mit unserem Look Auffahrunfälle zu verursachen ist keineswegs unser erklärtes Ziel – aber eine leichte Tendenz zur Schnappatmung darf unser Gegenüber bei unserem Anblick durchaus aufweisen, wenn wir ehrlich sind. Obwohl – Weiblichkeit auszuleben, das haben sich viele Frauen im Laufe der Zeit abgewöhnt. Die Gründe sind vielfältig. Der Karriere zuliebe pflegt man ein toughes Image und tritt dezent auf. Als Mutter fühlt man sich lächerlich, wenn man seine weiblichen Reize zu sehr betont. Manchmal ist es aber auch ganz einfach der Alltag, der schleichend dafür sorgt, dass die Lust auf Verschönerungen, Kapriziöses oder Muße für modische Experimente abstirbt und man sich in der Unauffälligkeit sogar wohler fühlt. Und das ist bedauerlich. Denn das Frausein mit all seinen Facetten sei uns definitiv gegönnt.

Müssen wir nun für den Wow-Faktor zur Mogelpackung werden? Ganz klar: Nein. Sich cleverer Tricks zu bedienen muss nicht dazu führen, dass wir uns nicht wiedererkennen.

Sollten wir dafür Experimentierfreude haben? Unbedingt! Wandelbar zu sein bedeutet nicht, unentschlossen zu wirken.

Bedenken? Weg damit. Offen zu sein heißt nicht, beliebig zu werden.

Wenn Sie beim Wow-Faktor nun an die Kombination Push-up-BH, High Heels und Ledermini denken, kann ich Sie beruhigen. Denn wie Sie wissen: »Less is more.« Jedoch nicht im Sinne von deutlich weniger Stoff. Eine Anspruchshaltung ist Grundvoraussetzung, um sich treu bleiben zu können, während man mit seinen Möglichkeiten spielt. Es geht somit auch weniger darum, was Sie tragen, sondern vielmehr darum, wie Sie es tragen. Eine verführerische Ausstrahlung, Magnetismus, der sowohl Frauen als auch

Faktor: 10 Gebote

Männer in den Bann zieht, ist nicht von gängigen Attraktivitätsmerkmalen oder Schönheitsidealen abhängig, er entsteht aus der Gesamtkomposition – insbesondere dem Auftritt. Die Femme fatale kann als Vorbild dienen, muss aber nicht. Es ist eine Frau, die mit sich selbst absolut im Reinen ist. Der Wow-Faktor entsteht durch ein Lebensgefühl, das transportiert wird. Wie Sie dieses Lebensgefühl erlangen? Sie sind schon dabei!

1 Investieren Sie in das kleine Schwarze. Kein Kleidungsstück hat mehr Potenzial. Ob pur, mit elegantem Schmuck inszeniert oder im Stilbruch mit Lederjacke lässig kombiniert – dieses Schätzchen verleiht Ihnen garantiert die richtige Attitüde. Das kleine Schwarze ist ein Klassiker und damit wunderbar zeitlos. Mit etwas Kreativität zaubert es Ihnen eine unschlagbare Extravaganz. Selbst ein Etuikleid – sofern Sie es mit Taillengürtel statt mit schlichten Perlen tragen – erzielt diesen Effekt. Kein Kleidungsstück macht Sie wandelbarer. Der Schnitt sollte die Figur umschmeicheln und darf das Dekolleté betonen. Üppiger gebaute Damen können sich mit einer Korsage regelrecht Star-Appeal verschaffen. Raffinierte Details wie Spitzeneinsätze, Teiltransparenz oder Raffungen können das Kleid spannend aufwerten. Setzen Sie unbedingt auf Qualität und Passform. Ein Baumwollkleid kann schnell an Exklusivität verlieren, wenn es ausgewaschen und ausgeleiert ist – ein Elasthananteil wirkt dem entgegen. Das kleine Schwarze muss keine Haute Couture sein – auch ZARA, MANGO oder H&M bieten schöne Styles. Wird es jedoch noch günstiger, hinterfragen Sie bitte, ob das Kleidungsstück unter fairen Bedingungen entstanden sein kann. Der Wow-Faktor soll sicher nicht in einen Grusel-Faktor umschlagen.

High Heels mit »Best-Friend-Potenzial«.

2 Gönnen Sie sich schöne High Heels. Kein anderer Schuh schenkt einer Frau mehr Sex-Appeal. Kann man dagegen etwas einwenden? Nein. Pardon, Alice Schwarzer. Es geht eben auch um das Gefühl, das Ihnen dieser Schuh verleiht. Ihre Figur wird gestreckt, Sie nehmen Haltung an, Sie fühlen sich unversehens weiblicher. Manchmal ist es Magie. Je filigraner das Paar, desto eleganter wirken Sie. High Heels lieben Jeans genauso wie Pencil-Skirts – es gibt also keinen Grund, sich ihnen zu verwehren. Allerdings: Quälen sollten Sie sich nicht! Wird der Absatz zu hoch, verlieren Sie schnell die Anmut. Wählen Sie nur Modelle, in denen Sie auch laufen können. Schon der Gedanke an Stolperfallen raubt Ihnen Sinnlichkeit und Erhabenheit.

3 Üben Sie den Catwalk. Kopf hoch, Schultern zurück und ja: Brust raus – Po rein. Denken Sie sich eine Linie und laufen Sie zielbewusst mit großen Schritten durch die Raummitte, Sie sind keine Randfigur. Achten Sie auf Ihre Fußspitzen – sie sollten leicht nach außen zeigen. Und? Nein, es wirkt nicht unnatürlich. Denken Sie an stolze Italienerinnen – was bewundern wir besonders an ihnen? Es ist das Selbstverständnis, mit dem sie sich schon durch ihren Gang ihr ureigenes Revier erobern und ihre Grandezza leben. Also, das können Sie doch auch! In den Alltag kann man diese Haltungsoptimierung ebenfalls einfließen lassen. Zur Verinnerlichung dienen Ihnen Erinnerungshilfen: Jedes Mal, wenn Sie einen Raum betreten oder sich von Ihrem Platz erheben, denken Sie sich einen imaginären Faden, der Ihren Kopf leicht anhebt. Sie werden für diese aufrechte Haltung zudem mit Extra-Energie belohnt. Testen Sie es einfach!

4 Nehmen Sie sich Zeit für die richtigen Style-Entscheidungen. Machen Sie sich auf der Suche nach einem neuen frischen Look einen Spaß daraus, Perücken zu testen, wenn möglich, für mehrere Tage. Selbst Kunsthaar-Perücken bieten eine gute Orientierung. Wichtig ist dabei, dass Sie eine Frisur wählen, die mit Ihrer Haarstruktur umsetzbar ist, damit Sie diesen Look später für sich adaptieren können. Softe Stufen und bewegtes Haar können einen Weichzeichner-Effekt für Ihren Teint erzeugen. Berücksichtigen Sie bei einer neuen Haarfarbe auch den Hautunterton (kühl/warm) und die Farbe Ihrer Augenbrauen. Natürlich ist ebenso das richtige Make-up ein wesentlicher Bestandteil Ihres einzigartigen Looks. Da Sie jetzt wissen, welchem Farbtyp Sie entsprechen, fällt es Ihnen deutlich leichter, Ihre Vorzüge zu betonen. Für den Wow-Faktor dürfen Sie Ihren Augen etwas Dramatisches verleihen. Einen intensiven, ausdrucksstarken Blick zaubern Sie durch den großzügigen Einsatz von Eyeliner und Mascara. Verführerische Smokey Eyes oder den zum Schwalbenschwanz verlängerten Lidstrich sollte man jedoch eher für das Abend-Make-up in Erwägung ziehen. Eine Frau mit einem volleren Gesicht kann sich stärker akzentuierend schminken als eine Frau mit einem kleinen Kopf und markanteren Zügen. Lassen Sie sich einfach im Kosmetikinstitut Ihres Vertrauens glamourös schminken. Sie werden überrascht sein, was das in Ihnen auslöst!

Spaß an der Verwandlung entwickeln – ein guter Vorsatz!

5 Nehmen Sie sich Zeit für die Körperpflege – auch wenn es mal wieder »eng« ist. Ganz wichtig: die Zähne. Der nachhaltigste Wow-Faktor ist nämlich ein schönes Lächeln! Denken Sie an Julia Roberts: Sie verzaubert uns seit Jahren mit ihrem unnachahmlichen Strahlen. Sofern Sie regelmäßig eine professionelle Zahnreinigung vornehmen lassen, müssen Sie sich

Egal, wie das Wetter auch ist – an die frische Luft zu gehen ist eines der bewährtesten Rezepte für ein Plus an Wohlbefinden und Ausstrahlung!

sicherlich nicht strapaziösen Bleaching-Behandlungen unterziehen. Denn ein blendendes Weiß, das deutlich heller als Ihr Augenweiß ist, irritiert eher. Natürlichkeit gewinnt in jeder Beziehung. Gönnen Sie sich für Ihren Körper Pflegerituale, die Sie in Ihren Alltag integrieren können. Sorgen Sie beispielsweise für eine gute Durchblutung Ihrer Haut. Einen fahlen Teint vermeidet man am besten durch Bewegung an der frischen Luft. Der Körper produziert damit automatisch mehr Vitamin D, das ganz nebenbei wertvolle Dienste für das Wohlbefinden leistet. Und wie Sie wissen, führt gerade der Wohlfühl-Faktor zu einer positiven Ausstrahlung.

Ein Duft kann nachhaltig wirken und lange in Erinnerung bleiben.

6 Setzen Sie ein Duft-Statement. Die olfaktorischen Reize sprechen stark unser Unterbewusstsein an. Aber Vorsicht! Zu einer vom Typ her dunklen südländischen Frau passt ein anderer Duft als zum hellen nordischen Typ. Bei einer dunkelhaarigen Frau empfindet man eine kräftigere, orientalische Note als angenehm. Bei einer Blondine könnten wir diese Ausrichtung als aufdringlich, möglicherweise sogar als penetrant empfinden. Blonde Frauen können sehr gut blumige Düfte tragen. Von Spontankäufen rate ich genauso ab wie von sogenannten »It-Parfüms«. Ihr Duft sollte etwas Persönliches sein – unterwerfen Sie sich also keinen Modetrends. Nehmen Sie sich Zeit. Ein Duft entwickelt sich durch die Körpertemperatur, testen Sie daher nicht nur mit einem Stäbchen, sondern für die Endauswahl am Handgelenk. Im Sommer empfiehlt es sich, leichtere Düfte mit einer frischen Chypre-Note zu wählen. Forscher haben herausgefunden, dass Nuancen der rosa Grapefruit die Trägerin bis zu sechs Jahre jünger wirken lassen. Grundsätzlich sollten Sie tagsüber schwere, süßliche Noten vermeiden. Abends dürfen Sie etwas markanter duften – achten Sie immer darauf, dass man das Parfüm erst ab einer Armlänge Abstand wahrnimmt. Die Nase gewöhnt sich sehr schnell an einen Duft. Damit aus betörend nicht betäubend wird, reichen meist schon drei Spritzer.

7 Holen Sie sich Glamour in Ihren Alltag. Ab und zu ein Glas Champagner. Eine besondere Wertschätzung für delikate Speisen, wie beispielsweise Jakobsmuscheln, die man

nur vom »guten« Porzellan am schön gedeckten Tisch isst. Ein entspannendes Wellnessprogramm, das man in edler Unterwäsche abschließt. Warten Sie nicht auf einen Anlass – zelebrieren Sie einfach mal die kleinen Momente des Lebens und gestalten Sie diese als besondere Begebenheiten. Verschaffen Sie sich ein Göttinnen-Feeling. Mit dem richtigen Bewusstsein hat dieser Luxus auch keinen dekadenten Beigeschmack. Sie sind schließlich nicht verschwenderisch.

Beim Wow-Faktor geht es ebenso um die subtilen Botschaften, die Sie aussenden, wenn Sie sich zum Glamour bekennen: Ihr Selbst-Wert-Gefühl. Gewöhnen Sie sich an das Außergewöhnliche!

8 Experimentieren Sie mit Extrem-Looks – auch wenn es Überwindung kostet! Um mit sich selbst im Reinen zu sein, können Grenzerfahrungen einen wertvollen Beitrag zum Ausbalancieren der Persönlichkeit leisten. Ich gestehe, dieser Ratschlag verursacht meistens Augenverdrehen, Kopfschütteln und Stirnrunzeln – nach der Umsetzung jedoch wird die Erfahrung häufig als eine der wertvollsten Übungen für das Selbstbewusstsein angesehen. Lassen Sie sich einfach darauf ein, wenn Sie sich in einem der beiden folgenden Frauenbilder erkennen …

Sie fühlen sich unscheinbar und werden häufig übersehen, übergangen oder einfach unterschätzt?

Das Experiment: Genießen Sie einen Tag als Vamp! Tragen Sie roten Lippenstift und Nagellack, High Heels, Animal-Print. Lassen Sie Sex-Appeal zu, seien Sie prätentiös. Sie haben Modeschmuck mit Geltungsdrang? Wunderbar. Dies ist die Gelegenheit, Ihre Chandeliers auszuführen – allerdings ohne sich zu überladen! Zeigen Sie Dekolleté, Bein und – egal, was die Waage anzeigt – Ihre Silhouette. Auch ein hochgeschlossenes Schlauchkleid kann Ihnen eine geheimnisvolle Aura verleihen. Dank Shape-Underwear, wie beispielsweise von SPANX, können Ihre Rundungen geschickt ins rechte Licht gerückt werden. Weitere Tipps dazu finden Sie im Unterkapitel »Figurtypenlehre«. Achten Sie auf Ihre Körperspannung.

Dynamisches Agieren – mit den ausschweifenden Gesten einer Drama Queen – ist für diese Übung eine wertvolle Zusatzqualifikation.

Sie entsprechen dem Bild eines (männermordenden) Vamps schon so ziemlich oder wirken als Karrierefrau gelegentlich unnahbar und einschüchternd auf Ihre Mitmenschen?

Das Experiment: Genießen Sie einen Tag als Tussi! Tragen Sie rosafarbenen Lipgloss und Nagellack, flache Schuhe und pastellfarbene Kleidung. Unabdingbar: ein sonniges Gemüt. Mit einem schwungvollen Lied auf den Lippen gelingt das leichter. Vermeiden Sie alles, was Ihnen Coolness verleiht. Also keine strenge Frisur und die Sonnenbrille nicht auf der Nase, sondern eher ins Haar. Ein Rüschenblüschen oder noch besser ein Rüschenkleid versauert in Ihrem Kleiderschrank? Klasse. Sie haben endlich die Gelegenheit, Ihre Schrankleichen zum Leben zu erwecken! Ein softer Look ist gefragt. Pünktchen und florale Muster erzielen einen ähnlichen Effekt … Werden Sie zum Blumenmädchen! Das Schöne an dieser Übung ist: Sie können einen Gang runterschalten. In Slow Motion werden Ihre Bewegungen automatisch weicher – und Sie deutlich entspannter wahrgenommen.

Fahren Sie für dieses Experiment notfalls in eine andere Stadt (Metropolen eignen sich dafür fabelhaft, weil Sie dort immer jemanden entdecken, der Sie mit seinem Extrem-Look übertrifft). Lassen Sie sich nicht verunsichern. Gehen Sie dieses Abenteuer bei gutem Wetter spielerisch an. Denken Sie an selbstbewusste Frauen wie Adele oder Barbara Schöneberger – sie glänzen durch Facettenreichtum und setzen sich gekonnt in Szene, ohne zur Diva oder Barbie zu mutieren. Angepasst kann jeder und auch Sie jederzeit wieder.

Ziehen Sie ein Resümee: Wie haben Sie sich gefühlt? Wie hat Ihre Umgebung auf Sie reagiert? Es geht nicht darum, einem Klischee zu entsprechen – das Motto lautet eher: »Entdecke deine Möglichkeiten!«

9 Entwickeln Sie ein gutes Körpergefühl. Sie müssen dafür nicht gestählt oder extrem definiert sein. Dass mollig supererotisch sein kann, wird glücklicherweise auch in den Medien mit vielen überzeugenden Beispielen belegt.

Im Einklang mit sich selbst sein.

Frauen, die sich wohl in ihrer Haut fühlen, haben Lust, sich in Szene zu setzen. Und das ist wesentlich für den Wow-Faktor. Sich mit Figurproblemen zu arrangieren heißt jedoch nicht, einen ungesunden Lebensstil zu akzeptieren.

Ein gutes Körperbewusstsein verhindert, dass man sich gehen lässt, und weckt den Wunsch, sich fit zu halten. Bewegung ist kein Geheimrezept – aber unumstritten beugt sie Frustrationen durch Diät-Wahn und Jo-Jo-Effekte vor. Falls Sie Sport noch nicht für sich entdeckt haben, setzen Sie sich nicht unter Druck. Ich weiß aus eigener Erfahrung, dass es Zeit braucht, seine Lieblingssportart aufzuspüren. Wenn Sie diese jedoch gefunden haben, ist sie mehr als nur ein guter Ausgleich.

Das Vollweib Christina Hendricks lockt mit ihren weiblichen Rundungen in der Serie »Mad Men« Millionen Fans vor die Fernseher.

10 Gehen Sie in die Charme-Offensive! Die Voraussetzung: Glauben Sie an sich. Seien Sie nicht so streng mit sich. Zu viel Perfektion ist unheimlich – oder unheimlich langweilig. Sie haben Charme. Flirten Sie auch mal ganz unverfänglich. Machen Sie es dabei einfach wie Holly Golightly in »Frühstück bei Tiffany«: Nehmen Sie sich und auch die Männer nicht allzu ernst. Gerade die werden es Ihnen möglicherweise sogar danken. Manchmal ist nichts verführerischer als Unbekümmertheit. Lassen Sie den Wandel zu. Sie sind unnachahmlich!

Und zu guter Letzt: Haben Sie schon eine Liste mit Ihren Wow-Momenten, die Sie großartig gemeistert haben? Nein? Dann aber los! Es gibt keinen besseren »Ego-Pusher«. Glauben Sie mir. Entwickeln Sie eine positive Grundeinstellung. Lassen Sie Komplimente zu. Bezweifeln Sie diese nicht – auch wenn sie lediglich nettes Geplänkel sind. Frauen sind wesentlich selbstkritischer als Männer und blockieren sich damit häufig selbst. Es ist an der Zeit, diese Haltung abzulegen. Machen auch Sie Komplimente – egal, ob Mann oder Frau. Seien Sie generös. Denn gute Gemütslagen werden reflektiert. Die Spiegelneuronen in unserem Gehirn sorgen dafür, dass wir uns in unserem Verhalten der Stimmung unseres Gegenübers angleichen – und umgekehrt. Also: »Smile and the World Smiles with You.«

Anhang

Glossar

A

Age-Crossing-Style Modische Bekleidungskombinationen, die für mehrere Altersstufen tragbar sind.

Animal-Prints Wortwörtlich genommen bezeichnen sie »Tierdrucke«. In den meisten Fällen sind dabei Muster von exotischen Tieren wie Reptilien, Leoparden und Tiger gemeint.

Antifit-Schnitt Eine Hosenform, die nicht unbedingt als »perfekt passend« einzuordnen ist, aber dabei sehr lässig und unangepasst wirkt.

Ausrüstung Eine Faser-, Garn- bzw. Stoffmodifizierung, die dem Textil einen höheren Gebrauchswert, bessere Trageeigenschaften oder mehr Glanz verleiht.

B

Baguette-Tasche Wie der Begriff erahnen lässt, ist hiermit eine längliche Taschenform gemeint, die unter dem Arm getragen wird.

Balconette-BH Bezeichnet einen Halb-Cup-BH-Schnitt, der die Brust leicht anhebt und bei dem die Träger weit außen am Körbchen angebracht sind.

Batist Ein sehr feinfädiges, leichtes Gewebe vorwiegend aus Baumwolle, teilweise aber auch aus Chemiefaser in einer Leinwandbindung.

Bi-Stretch Stoffe, die sowohl quer- als auch längselastisch sind. Sehr häufig enthalten diese Gewebe einen Elasthananteil.

Bohemien Chic Unangepasster Kleidungsstil mit Hippie-Elementen. Die französische Bezeichnung »bohémien« leitet sich von aus Böhmen kommenden Roma ab und entstand im 15. Jahrhundert.

Bowling-Bag Abgerundete Henkeltasche.

Brit-Chic Typischer London-Style mit Capes, Dufflecoats, Karoröcken und Tweedblazern.

Buckle-Bag Lässige Tasche mit vielen Verschlüssen.

Business Casual Ein klassisches Geschäftsoutfit mit sportiven Elementen. Meist Kombinationen aus Rock und Blazer oder Hose mit Blazer, die weniger »streng« als der klassische Business-Dresscode anmuten.

C

Caban-Jacken Doppelreihige Outdoor-Jacke, häufig aus Wolle und in Dunkelblau.

Camouflage Tarnmuster, überwiegend in Grün-, Braun- und Grautönen.

Canvas-Stoff Ein strapazierfähiges Gewebe, das bevorzugt für Taschen verwendet wird.

Capes Meist ärmellose, an Ponchos erinnernde Kurzmäntel oder Jacken aus Wolle.

Chandeliers Filigraner, aufwendiger Ohrschmuck.

Chinos Leichte Sommerhosen aus Chino-Twill, einem Baumwollstoff in Köperbindung.

Chypre Parfüms, die aus einer Kopfnote von Zitrusölen, einer blumigen Herznote aus Rosen- und Jasminöl und einer warmen Basisnote aus Eichenmoos und Moschus bestehen.

Clutch Bedeutet »umklammern« und bezeichnet eine kleine Abendtasche ohne Henkel, die man auf besagte Weise festhalten muss.

Colourblocking Die Kombination knallbunter Farbflächen. Insgesamt sehr grell und auffällig.

Concealer Die Geheimwaffe für einen perfekten Teint: Gesichtsabdeckcreme, mit der Falten, Hautunreinheiten, Augenringe oder Pigmentflecken überschminkt werden und somit »verschwinden«.

Cupro Eine aus Cellulose-Regeneraten aufgebaute textile Faser, deren Eigenschaften mit denen von Viskose vergleichbar sind.

D

Dandy-Look Zunächst bezeichnete man mit »Dandy« einen sich übertrieben modisch kleidenden Mann. Inzwischen hat dieser Stil auch Einzug in die Damenmode gehalten: Beim Dandy-Outfit wird Maskulines durch Feminines aufgelockert.

Doctor-Bag Die legendäre Arztkoffertasche. Sie hat einen Henkel und wird in der Hand getragen. Obwohl diese Tasche kein riesiger Shopper ist, bietet sie aufgrund von häufig zahlreichen kleinen Fächern ausreichend Stauraum.

E

Effortless-Style Benennt einen Stil, der »mühelos« wirkt und wenig inszeniert erscheint.

Egg-Shape Beschreibt sehr geräumige, eiförmige Oberteile, welche die Silhouette nur erahnen lassen.

Empire-Stil Bei Textilien mit Empire-Linie befindet sich der Taillenansatz vornehmlich unmittelbar unter dem Busen.

Epauletten Sind genau genommen Schulterstücke einer Uniform, die sich von den klassischen »Schulterklappen« unterscheiden. Sie dienten ursprünglich als Schulterschutz vor Säbelhieben. Häufig haben sie eine Halbmondform und sind mit Fransen versehen.

Ethno-Stil Kleidung und Accessoires mit folkloristischen Andeutungen, animalischen Mustern und afrikanisch angehauchten Elementen.

Etuikleid Auch Shiftkleid. Ist ein schlank geschnittenes, knielanges, schlichtes Kleid, das meist klassisch-elegant kombiniert wird und somit sehr businesstauglich ist. Als typische Merkmale gelten zudem der kragenlose Ausschnitt und der Verzicht auf eine horizontale Taillentrennung/-naht.

F

Fake-Fur Web- oder Kunstpelz sind ebenso gängige Bezeichnungen für das dem Tierfell nachempfundene, vorwiegend aus Kunstfaser bestehende Material.

Fashionistas Trendsetterinnen sowie modebewusste Frauen, die immer in den neuesten Styles anzutreffen sind und Mode zu ihrer Religion erklären.

Finish Die Ausrüstung bzw. Veredlung eines gewebten oder gewirkten Stoffs zur Verbesserung der Materialeigenschaften (siehe auch Ausrüstung).

Fischgrat Bezeichnet ein Textilmuster, das aufgrund seiner Zickzackstruktur an mehrfach nebeneinandergelegte Fischgräten erinnert. Es handelt sich dabei immer um Gewebe in einer Köperbindung.

Foulard Damit ist im klassischen Sinn ein leichtes Seidentuch gemeint, das gemustert und auch uni sein kann. Maße von 70 x 70 cm, 90 x 90 cm oder 110 x 110 cm werden in der Regel als klassische Foulardgrößen angesehen. Aber auch Seidenschals werden ebenso als Foulard bezeichnet.

G

Gabardine Ein Kammgarngewebe in einer Köperbindung mit sehr dichter Ketteinstellung. Baumwollgabardine wird häufig für Mäntel verwendet.

Garçonne-Stil Ein knabenhafter, von den 1920er-Jahren geprägter Kleidungsstil in überwiegend dunklen Farben. Häufig Anzugkombinationen, die ursprünglich als typisches Zeichen der Emanzipation gewertet wurden.

Glencheck Ein markantes Überkaromuster, das in der Damenmode meist im klassisch-konservativen Stil bei Blazern oder Kostümen Einsatz findet.

H

Haute Couture Steht für maßgeschneiderte, somit individuell in Handarbeit erstellte Damenmode. Wird auch als Synonym für hohe Schneiderkunst verwendet.

Highlighter Eines der wichtigsten Make-up-Utensilien. Die hellen Schimmerpigmente des Highlighters erzeugen eine frische Ausstrahlung und helfen, das Gesicht zu definieren.

Homewear Bequeme Bekleidung für zu Hause.

J

Jacquard-Strukturmuster Ein aufwendiges, einfarbiges Webmuster. Namensgeber ist der französische Weber Joseph-Marie Jacquard, der Anfang des 19. Jahrhunderts dieses Muster mit der von ihm erfundenen Jacquard-Webmaschine mit Lochkartensteuerung entwickelte.

Jumpsuit Auch Overall. Ist die Bezeichnung für einen Einteiler, bei dem Hose und Oberteil miteinander verbunden sind.

K

Karree Bezeichnet in der Welt der femininen Mode ein Viereck aus einem meist edlen Stoff, vorzugsweise aus Seide. Je nach Größe als Schal, Pareo, aber auch als Gürtel, Haarband oder Oberteil verwendbar.

Kuvert-Tasche Rechteckige Umschlagtasche ohne Henkel, gelegentlich mit Riemen.

L

Lagenlook (siehe Zwiebellook).

Lingerie Sehr feine, modische Damenunterwäsche, die verführerisch, aber nicht aufreizend wirkt.

M

Merzerisierte Baumwolle Mithilfe von Natronlauge veredelte Baumwolle, die Zugspannung ausgesetzt wird und dadurch einen intensiven Glanz sowie bessere Gebrauchseigenschaften erhält.

Messenger-Bag Umhängetasche, die der Tasche eines Kuriers ähnelt.

Morphing-Technik Dabei wird durch Lichtreflexion und den gezielten Einsatz von Hell-Dunkel-Effekten kosmetisch eine Konturveränderung des Gesichts bewirkt.

N

Nadelstreifen Werden in erster Linie mit klassischer Herrenmode in Verbindung gebracht. Im Damenbereich trifft man meist bei Kostümen oder Hosenanzügen auf Nadelstreifen. Gern gesehen sind sie im Business-Dresscode.

Nude-Look Ein sehr natürliches Make-up, das wenig kontrastreich ist und häufig auf Rosé-/Taupe-Tendenzen basiert.

O

Occasion-Crossing-Style Ein Basislook, der nur wenige Accessoires benötigt und vielseitig abgewandelt werden kann. Sein Hauptmerkmal: Durch seine Wandlungsfähigkeit »funktioniert« er für viele, auch sehr unterschiedliche Gelegenheiten – in Kombination mit einem Blazer wirkt man elegant, mit einer Lederjacke sportiv.

Ombré-Farbverlauf Bezeichnet den Hell-Dunkel-Farbverlauf, der mittlerweile im Haar-, Bekleidungs- und auch Einrichtungsbereich anzutreffen ist.

Op-Art-Mode Sie ist auf eine Kunstrichtung der 1960er-Jahre zurückzuführen und wurde von Yves Saint Laurent ins Leben gerufen. Typisch sind Shiftkleider mit geometrischen Mustern in psychedelischen Farben.

Organza Ein transparentes, feines und leichtes Gewebe mit einem schönen Glanz.

Oversize-Style Eine Stilrichtung mit übergroßen Schnitten, bei der sich die Silhouette nur erahnen lässt.

P

Pareo Ist ein Tuch, das – je nach Größe – als Ergänzung zur Strandmode um Hüfte, Brust oder Hals gebunden wird und somit einem Rock bzw. Kleid sehr nahekommt.

Pencil-Skirt Auch Bleistiftrock. Ist ein figurbetonter, knielanger Rock, der schmal verläuft.

Pilling-Effekt Beschreibt die Knötchenbildung an Textilien, die häufig bei Wolle oder wollähnlichen Fasern zu beobachten ist.

Polka Dots Ein Muster mit markanten, kontrastreichen Punkten.

Popeline Ein besonders dichtes Gewebe in Leinwandbindung aus Baumwoll-, Woll- oder Kunstfasergarnen.

Preppy-Style Ein sehr gepflegter, leicht elitär anmutender »Streber-Chic«. Preppy ist eine Bezeichnung für Absolventen einer renommierten Schule. Der Look ähnelt dem Popper-Stil der 1980er-Jahre.

Prêt-à-porter Bedeutet übersetzt »bereit zum Tragen« und bezieht sich auf Mode, die in Standardgrößen und im fertigen Zustand präsentiert wird.

R

Retailer Bezeichnung für den Einzelhändler, der an Endkunden verkauft.

Revers Der verlängerte Kragenaufschlag bzw. die nach außen geschlagene, obere Vorderkante eines Sakkos, Mantels oder Blazers.

Rückenpasse Horizontaler, von der Schulter abgehender Stoffeinsatz bei Hemden, Blusen, Jacken oder Mänteln.

S

Shopper Große, an Einkaufstaschen erinnernde Taschenform.

Signature-Piece Ein markantes Teil des Outfits. Häufig ein Accessoire, das dem Look eine eigene Aussage geben kann.

Sleek-Look Ein Styling, bei dem die Haare glatt und glänzend das Gesicht umschmeicheln.

Smokey Eyes Ein dramatisches Augen-Make-up – die Augen sind dabei stark akzentuiert und dunkel geschminkt.

Streetstyle Lässige, häufig improvisierte Looks, die wie vom Zufall gezaubert erscheinen und gerne von Bloggern kommentiert werden.

T

Textur Bezeichnet die Gewebe- bzw. Oberflächenstruktur.

Tote-Bag Robuste, meist rechteckige Henkeltasche.

Trapez-Tasche Stabile, trapezförmige Henkeltasche.

Tulpenförmig Bezeichnet in Bezug auf Röcke einen Schnitt, der nicht eng anliegt und knielang schmal verläuft.

Tweed Über die Herkunft dieser Bezeichnung gehen die Ansichten auseinander: Die einen sehen darin eine Ableitung von dem gleichnamigen schottischen Fluss, die anderen bringen die Begrifflichkeit mit dem schottischen Wort »tweel« in Verbindung, das eine besondere Webart von Wolle bezeichnet. Gesichert ist jedoch, dass damit ein warmer, robuster Wollstoff gemeint ist, der überwiegend bei Blazern und Mänteln Verwendung findet.

U

Undone-Look Ein lässiges Hairstyling, das gern unangepasst wirken darf.

V

Veredlung (siehe Ausrüstung).

Vintage Eine Stilrichtung, die an Secondhand erinnert und leicht abgenutzt wirken darf.

Volants Ähnlich einer Rüsche ist der Volant ein an seiner Oberkante gefältelter, angenähter Besatz an Kleidungsstücken, die damit etwas leicht Verspieltes erhalten.

W

Weekender Tasche mit der perfekten Größe, wenn man sich für zwei bis drei Tage aus dem Haus begibt.

Wristlet Ursprünglich die Tasche für den Herrn unter den Handtaschen. Bezeichnet eine meist kleine Tasche mit einer Handgelenk-Trageschlaufe. Hat inzwischen auch die Welt der Damenmode für sich erobert.

Z

Zutaten Darunter versteht man im textilen Bereich neben Knöpfen und Reißverschlüssen beispielsweise auch Kordeln, Bänder, Borten, Haken, Ösen sowie Schnallen.

Zwiebellook Einer Zwiebel ähnlich trägt man bei diesem Style mehrere Schichten von Kleidungsstücken übereinander.

Register

A

B

C

D

E

F

G

H

I

J

K

L

T

U

V

W

X

Y

Z

Bildnachweis

M. = Mitte, r. = rechts, l. = links, o. = oben, u. = unten
F = Fotograf, K = Kollektion

© **Getty Images:** 34 (F): Time Life Pictures, (K): Time & Life Pictures; 41 r. o. (F): Chris Moore/Catwalking, (K): Catwalking; 43 l. (F): Venturelli, (K): WireImage; 49 r. (F): Nathalie Lagneau/Catwalking, (K): Catwalking; 63 r. (F u. K): Michael Ochs Archives; 65 l. (F): George S. Zimbel, (K): Premium Archive; 65 r. (F): Alain BENAINOUS, (K): Gamma-Rapho; 66 (F): SWANN, (K): Gamma-Rapho; 67 (F): Jean-Pierre BONNOTTE, (K): Gamma-Rapho; 68 l. (F): Keystone, (K): Hulton Archive; 162 (F): Pool, (K): Getty Images News

© **Shutterstock.com:** 7, 8, 10–14, 15 r. u., 16, 17 l., 18–23, 24 r. u., 25 r. o., 26 r. u., 27 r. u., 28, 29, 30 r. o., l. u., 31 r. o., l. u., 32 r. u., 33 l. o., r. u., 36 l. o., 38 o., 41 r. u., 42, 48, 52, 53 r., 54 r., 55, 56 l. u., r. u., 57, 58 (alle außer Mantel), 59 (alle außer Mantel), 60 (alle außer Kleid rechts), 61 (alle außer Hose und Blazer), 63 l. o., 64 r. o., 70, 72, 73 l. o., r. o., r. M., r. u., 74 (alle außer zwei Fotos l. o.), 75, 76 (alle außer r. o.), 77 (alle außer r. o.), 78–80, 81 (alle außer r. o.), 85–88, 89 (Kleid, Hose, Schuh), 90–94, 95 l., 96–98, 100, 102 l. u., 103 l. o., 104 (4 Fotos u.), 106 M., r. o., 108 o., 110 r., 112 r., 114 o., 115 l. o., l. M., 116 (alle außer l. u., r. u.), 120 r. o., r. M., r. u., 121 l. u., 122 u., 123, 124 l. o., l. u., 125, 126 r. o., r. M., r. u., 127–130, 131 r. u., 132, 133 r. u., l. u., 134 (alle außer r. u.), 135 r. o., r. u., 136–141, 143–152, 153 u., 154–157, 158 l. o., l. u., 159–161, 163–167, 168 (alle außer l.), 169 r., 170, 171 (alle außer r. u.), 172–178, 179 u., 180–197, 198 r., 199–207, 209, 210, 211 o., 212, 213, 215–218, 219 r. u., 220; S. Bukley: 15 l., 25 l. u., 36 l. u., 39, 99, 219 l.; Catwalker: 107 r., 122 r. o.; Chinellato Photo: 41 l.; Cinema Festival: 24 l. o., 54 l., 62; Helga Esteb: 69 l.; Featureflash: 43 r. u., 45 l., r., 47 l., 51 r., 53 l., 69 r., 104 o., 208, 211 u.; Jaroslaw Grudzinski: 64 l.; Kevin Hellon: 35; Ovidiu Hrubaru: 95 r. u., 121 l. o., 153 o.; K2 Images: 40, 118 r. o., 126 l., 227; Doug James: 116 l. u.; Margaret: 46 l. u.; Meltechfoto: 179 l. o.; Nata Sha: 56 r. o., 74 l. o., 124 r., 133 r. M., 134 r. u., 214 r.; Anton Oparin: 17 r., 30 l. o., 37, 38 u., 44 r. o., l. u., 47 r., 49 l., 73 l. M. (zwei Fotos), 83, 102 r. o., r. u., 103 r. u., 105, 106 l., 107 l. u., 108 l. u., r. u., 109, 110 l., 111 l., 112 l., 113 l. u., r. u., 114 u., 115 r. u., 116 r. u., 117, 118 l., 120 l., 121 r., 122 l., 131 l., 133 l. o., 198 l.; Pcruciatti: 214 l.; Photoproject.eu: 68 r.; Lev Radin: 31 r. u., 32 l. u., 51 l., 56 l. o., 111 r., 115 l. u., 119, 158 r.; Joe Seer: 9, 26 l. o., 27 r. o., 46 r. o.; Gordana Sermek: 33 r. o.; Miro Vrlik Photography: 82; WEExp: 50

© **Spanx:** 84

© **Thomas Schweizer:** 6, 32 l. o., 55, 58 l. o., 59 r. o., 60 r., 61 M. o., r. o., 73 l. u., 76 r. o., 77 r. o., 81 r. o., 89 (Tuch und Jacke), 103 r. o., l. u., 106 r. u., 107 l. o., 113 l. o., 118 r. u., 131 r. o., 133 r. o., 135 l., 142, 168 l., 169 l., 171 r. u.